刘东黎
—— 著

三江源的
历史与地理

江河之上

中华书局

图书在版编目(CIP)数据

江河之上:三江源的历史与地理/刘东黎著. —北京:中华书局,2022.4
ISBN 978-7-101-15589-1

Ⅰ.江… Ⅱ.刘… Ⅲ.①青海-地方史②区域地理-青海 Ⅳ.①K294.4②K924.4

中国版本图书馆 CIP 数据核字(2022)第 006889 号

书 名	江河之上——三江源的历史与地理	
著 者	刘东黎	
责任编辑	傅 可	
出版发行	中华书局	
	(北京市丰台区太平桥西里 38 号 100073)	
	http://www.zhbc.com.cn	
	E-mail:zhbc@zhbc.com.cn	
印 刷	三河市中晟雅豪印务有限公司	
版 次	2022 年 4 月第 1 版	
	2022 年 4 月第 1 次印刷	
规 格	开本 880×1230 毫米 1/32	
	印张 8⅛ 插页 13 字数 120 千字	
印 数	1-8000 册	
国际书号	ISBN 978-7-101-15589-1	
定 价	36.00 元	

目　录

江河之上
三江源的历史与地理

前言　领悟了起源，就洞察了本质

> 看到一条河流，仿佛看到一群迁徙的候鸟，总使我想到很多东西。想到它的起源，想到它路过的地方、遇见的事情，想到它将要路过的地方、将要遇见的事情，想到它或悲或喜的结局。
>
> ——苇岸《大地上的事情》

1976年，福柯曾在一次访谈中，谈起他对空间环境的独特认识。福柯认为，在我们的日常观念里，时间往往被看成是具有延续性的概念，而空间则被看成是固定的和静止的概念，其实，这往往是一种错觉。

这个说法引起了我的兴趣和思考。中国人普遍迷恋历史，我本人也写过一些关于历史的散文和随笔，我们总觉得自己生活在时间和历史的长河里，经历着出生、成长、繁茂、衰亡的历程，但空间是不变的。而福柯提示我们空间的意义，我们所经历和感觉的时间世界，可能是一个个不同的空间互相缠绕而组成的网络。这种空间世界，有着崭新的生命意识和历史宇宙观念，可能带给我们人生意义的崭新整合。

例如"原乡"这个概念，就有着厚重的地理质感，但又从地理物象转向地理意象，同时还是逆向的对时间流向的改变，有一种奇异的凝聚感与胶着感，是灵魂诗意的栖所、生命的终极与永恒归宿。

我在这个意义上试图重新领悟三江源，也开始真正理解江河的真正含义。

多年来，人们对三江源自然和地理环境的认知，始终局限于"亚洲水塔"之类的概念，以及来自官方和旅游者的新闻报道、旅游攻略；但我们一直忽略了，作为一种空间文化现象的三江源：那是一个动态的、原初的、高古的、变易不居而又令人悲欣交集的文化空间地带。

三江源雄峻无涯的"终极风景"，如一曲天地间波澜壮阔的交响乐。大江大河从这片高地起步，东向汇入太平洋，南向汇入印度洋，是令人浩叹的地貌奇观。山与河，蕴含着"阳""刚""阴""柔"相伴相生的伟岸气质，经幡在天地间舞动，香火在大山里飘浮，指向天空的牦牛头角，堆砌如山的玛尼石，又寄托着三江源宗教、精神的高远层面。它与整体的青藏文化在产生和发展上具有同步性、相关性，又有自身发展的轨迹和特点。它的形成、演化过程伴随着青藏社会历史、文化和宗教的苍茫变迁，具有多种文化背景，又有着不同时代的层层积淀。一代代人的大河寻源经历，也意味着一种人文地理的实践，以及文化意义的生成。

在三江源研学寻访的体验，和对地理空间的领悟，让我开始产生了一个愿望，就是将一个清晰可触的，与平原环境、内地民众命运唇齿相依的三江源，呈现给更多的读者。毕竟，我们还没有看到一部侧重于从地理空间层面分析三江源社会文化变迁的作品。它应当具有人类学的意味，既描述江河源地区的文化地理空间，也呈现汉藏等民族的历史记忆、生活史、人物志和风物志，有助于读者更深刻地理解这片"高高在上"的土地。

我看到过一些关于三江源的作品，背景是天寒地冻的无人区、藏地的奇闻逸事、风云际会的人物事件、神山崇拜和格萨尔王的传说等；再深一层的东西就乏善可陈了，加上风马、哈达、转经筒、转经路、天葬台、玛尼堆、寺庙等，就成了一次采风与猎奇的西部旅行。以至于对大部分国人来说，三江源仍是一处秘境，可望而不可即。

当我们愿意深入了解中国某个地方时，我们并不能借用某一个地方的经验，去理解整体的中国文明；另一方面，如果中国文明是一体的，那么这种一体性，也绝不可能是一个又一个地方经验和乡土知识的叠加。"凡民函五常之性，而其刚柔缓急，音声不同，系水土之风气，故谓之风；好恶取舍，动静亡常，随君上之情欲，故谓之俗"（《汉书·地理志下》），"风"，就是自然地理；"俗"，是指民俗风物。三江源的地理空间、人文脉息和集体记忆，形成了一种价值独异的地理空间，所以我开始用一种类似福柯所谓的"空间地理"的思考方式，以一种"地理性"和空间性的视角，开始关于三江源的行走和记述。

对一种相对陌生的文化进行观察和研究，是一个漫长而又充满挑战的过程。惭愧的是，我始终没有成为一个合格的当地人。当然，我们也的确不应当满足于一些感性体验的获得。两三年来，我深入阅读了大量资料，包括地质、水文、天象、动植物、综合景观等，更不用说人文资源，比如历史古迹、古建筑、自然、宗教文化、城镇、文学艺术等等，不一而足。我的想法很简单，与那种走马观花、一掠而过的旅行笔记相比，如果通过我的努力，能够提供一份关于三江源的根植于本土文化的"地方性知识"加上文化思考，这是我所有努力的价值所在。当然，我希望自己的"寻源"之旅，并不是出于对地方性文化的猎奇和恋旧，而是对"三江源"新的认知和发现。

首先一点，是关于"源"的思考。

"回首江天暮，乡情自悄然。"①"源"，往往是故乡的隐喻，是人类灵魂深处最柔软、最自然舒适的栖居之所，是祖祖辈辈赖以生存、发展、繁衍子孙、继承香火的社会群居地，精神原乡更是个体的文化精神、灵魂深处最向往的地方或始源，犹如悠远宁静的牧曲，充溢着回归的愿望和深沉的历史感。由于三江源的高冷气质，它的宁静致远、远离喧嚣，形成了天然

---

① （明）詹理《行次西宁（其一）》。

的隔离地带,所以古老的文化和传统才能得到较好的保留,像一曲逝去的挽歌,含纳着古老的往事。

在写作中,我想象着打通历史脉络,吻合"活着的"历史情境,让读者可以从中感受到仍在跳动的历史脉搏,感受到远古江河、唐蕃古道都并未远去,而是仍在时代的风云中向前延续。我想通过源文化的书写,让人们在追本溯源的思考中,在与大自然和谐的交流中,更好地理解高原、江河、荒野的本质。

日复一日的写作和思考,还使我的思绪越来越飘向一个更广阔的民间和乡土中国,飘向那些具有根源性的核心理念,这些理念关涉着中华民族的生存方式、文化心理、哲学思维等。我隐约觉得,自己寻找到了一个妥帖的、令人心安的文化源头。

第二点,是关于荒野与自然保护。

与中国的大江大河紧密联系的生物多样性问题、水源安全问题、地质安全问题等,使中国各大流域目前所面临的各种环境问题越发紧迫。三江源更是中国具有独特性、唯一性、不可替代性的生态屏障。思考三江源存在的生态问题,给了我一个重要的启发:现代知识体系将环境构建为一种生态空间,而三江源地区传统社会曾构建为一种伦理空间,这样的环境伦理空间又古老、又现代,蕴涵了不少现实性的合理因素。三江源传统社会的地方性知识体系，正是基于对自然的理解而生成，是本土文化、民间认知的重要载体。

在写作的过程中，屡次想起费孝通先生的《乡土中国》。这部名作以一种纵横自如的风格和宽宏的视野，一种融纪实与理性思考为一体的写作方式，将学理性的分析和解读娓娓道来，饶有趣味。这种写作在早些年就给了我重大的影响，我也试图穿梭、对照着历史和乡村、传统和现代、宗教和哲学、中国和西方，以多方位的视角，进行相关的思考和考察，希望能够给读者提供理解三江源社会生活和三江源国家公园的一些背景和线索。同时，在人类学的理论框架之内，也希望读者和我一样，从对三江源地方性知识的理解、阐释开始，慢慢获得一种特别的历史深度和一种相对的文化立场，能够理解人类生活的不同可能性，能够换一种思路去理解我们所遭遇的时代问题。

黑格尔认为，地理条件同民族精神、民族性格、民族活动方式、民族类型有着密切的关系。自然景观、自然环境一旦改变，依附于其上的文化认知也就会泯灭。我慢慢领悟到了中国文化里的自然是什么，那是一种为人所影响的自然，这种影响绝对不是一种殖民意义上的征服，而是通过赋予其意义，同时智慧地对自然加以顺应和融入。从目前的三江源国家公园建设来看，我们很幸运地没有偏离这种自然的道路。我理解的国家公园，不仅是"荒野"，不仅是荒野的保护者，而是一种"赋予了意义的自然"。这同时是对人的关注，也是对人生活并融入其中的自然的关注。

第三点，是"地方的意义"。

在高原上，我多次想起这个词，这是文化地理学相关著述特别关注的一个概念。历史上很多作品，都不是对一个地方地理景观的简单临摹与复制，在创作过程中，在作者既有的认知体系映射下，在作品漫长的流传过程中，作品改变了这个地方人文地理方面的某些风貌，甚至重新雕琢了这些景观，恰如多数人对杰弗逊镇（牛津镇）的了解，是通过福克纳的小说而非亲身经历。一个人的文字，可以深刻影响人们对地理空间的理解，那是由自然地理和人文地理相叠合而成的体验世界，既具有作者自身人生阅历、价值取舍、审美取向的特征，又具有根植于地理文化基础上的碰撞与升华。我想，探索三江源的"地方的意义"，既要关注河流湖泊的规模大小变迁，关注河流的改道、水灾频率等方面，同时对于江河文明之终极意义的探索，这也是本书的根本任务。

从这个角度上来说，本书就是一部在文学、地理学视野下，具有文学性、学术性与地理属性的作品。也许多少存在一些主观，但我不认为这是一种缺陷，事实上，正是"主观性"，才可能真正触及某一个地域不太为人所知的文化价值和现实意义。

因为我是一个外来者，不是一个本土作家，这也导致写作过程道阻且艰，吃透三江源地区的厚重文化很是费力，此外身体适应也是极大考验，包括高原气候、环境对心理的挑战。漫长的写作过程，情绪也不时在沮丧和希望间沉浮。然而正如人类学前辈们曾说过的：田野生涯的种种忧郁，正是培养人类学理解能力的摇篮。只有不断地深入其间，才有可能获得持续性的深度思考。艰苦环境会使观察者们逐步形成一种理性的洞察力，而不是满足于感性体验的获得，即使在远离自身母体文化的陌生背景中，也能在各种相异的事物中领悟到隐藏的含义，包括对人与生态环境关系的重新理解。

最后，我也要抒写出大河文明给我的启示。

中华大地，河流遍布。长江、黄河由三江源这一冰雪世界起步，流经了几乎整个中国，形成了中华大河文明的庞大水系统，成就了一个大河文明国家。三江源的长旅激起了我对中国江河文明的整体思考，作为宏观层次上的"江河与文明"，不仅能够开阔我们对"江河源文化"的历史视野，而且在"源文化"的视域中，也更有助于我们看清中国江河多元文化的图景及其含义。

借助于对江河的观照，我完成了一次特殊方式的文化传统指认。从源头奔腾而下的江河，孕育了千百年来的古圣先哲，浸润了人类传承最丰富的庄严国土，浓缩了中华民族乃至整个人类共同的生命感受和心理体验。一切权势、财富都可以兴勃亡忽，但在那壮美的寥廓苍穹之下，在水流湿润、草木枯荣之时，一个文化中国，越百代而不亡，与千秋江山而同始终，那是一个民族永恒的记忆，是最美丽的精神家园。

第一章　走向高处

江河之上
三江源的历史与地理

"起初汪洋大海"

> 冰是寒冷的产物,是柔弱的水为了展示自己透明心扉和细腻肌肤的一场壮丽的死亡。水死了,它诞生为冰,覆盖着北方苍茫的原野和河流。
>
> ——迟子建《冰灯》

从西宁出发,驶向黄土高原的最西缘,是感受和观察高原的最佳线路。山北侧能看到成片的小麦和青稞,大地平展,还有用黄土垒成的院墙。山峦错落,一路向前铺展,海拔逐渐升高,农作物越来越少,换成绵延起伏的大片草地,小块裸露的土壤嵌在草地上,只有草,鲜见树木。地质和地貌的改变,似乎在提醒人们开始注意大自然与大地走势之间的呼应关系。

草地再往前就是黑色的山,石头裸露在外面,若明若暗。随着车子在山路上蜿蜒行进,不知不觉间进入了一个没有台阶可下的旋转舞台。平坦的戈壁滩上像是升起一面面巨墙,山以一种奇崛的垂直角度矗立起来,穿过云层,连飞鸟都难以越过。再往前去,就能看见草原上遍布着蜿蜒的河流和大大小小的水洼,湿润的风带着冰山的寒意从古老的水面上掠过。阳光照射下来,感觉那光芒来自地平线,把一切都照得通体透亮。

一次不同寻常的行旅开始了。忽然想起，很多年以前，一个叫陈渠珍的男人坐在"寥天一庐"的窗户下，回想着那片举世无双的高原，开始著书记述"西藏青海经过事迹"。取《诗·小雅·小明》"我征徂西，至于艽野"之意为书名，含有青藏高原风尘录之意；艽（qiú）者，荒远也。艽野，意指青藏高原。

《艽野尘梦》"比之《鲁滨逊漂流记》则真切无虚；较以张骞、班超等传，则翔实有致"（任乃强《〈艽野尘梦〉弁言》），其间呈示风情浓烈的高原风物、曲折动人的情感波澜、惊心动魄的艰辛历程，以及纤毫毕现的风俗写真，尤其一段回肠荡气的旷世情缘，令读者时而惊心、时而低回。

陈渠珍出生于湖南凤凰箪军将领之家，接受近代新式军事教育，成长于行伍之间。《艽野尘梦》记录陈渠珍作为督队官率部入藏的经历。比如入藏后收复工布、进攻波密等战事，"补正史之不足"，呈现了清末民初青藏高原的动荡与嬗变，是为近代川藏文史和军政资料的重要文献。

年轻时的陈渠珍，有登车揽辔、慨然澄清天下之志，虽然入藏的初衷是以此从戎之机，聊作避秦之游，但秉性使然，他于公事之上并未推诿将就，后来偶遇藏族姑娘西原，一见倾心，正在此时武昌起义消息传至西藏，军中人心大动，哗变四起。

江河之上
三江源的历史与地理

冰雪满山，大夜弥天，高原的铁黑色亘古笼罩。陈渠珍身处不同权力帮派的旋流之中，情势险恶，不得已策动手下湘黔籍官兵115名，取道羌塘草原，翻越唐古拉山入青海返回内地，心上人西原亦随陈渠珍出逃，相依为命，万里追随。

多年后，陈渠珍仍然历历在目地怀想着那无比艰险的历程。"行七日，即至哈喇乌苏……余将抵哈喇乌苏时，遥见大平原中，有人户六七百家，市井殷繁，俨然一巨镇也。又有大喇嘛寺一所，华丽庄严"（《艽野尘梦》第八章）。哈喇乌苏，即如今之那曲，取蒙语黑色河流之意。那曲如今是青藏线上西藏的北大门，而在彼时，则是陈渠珍部逃离西藏时最后一处有据可考的准确地理方位，此后漫漫征途，九死一生。

"又行数日，至一处，日已暮。忽见大河。喇嘛曰：'此通天河也。'时已腊月三十日，众大喜，以为此去冈天削不远矣。共议明日为元旦，在此休息一日，杀马为食，兼猎野兽。遂就河岸止宿；次日晨……乃踏冰过河。岸旁立有界牌，高约三尺，宽尺许，上刊驻藏办事大臣、青海办事大臣划界处"（《艽野尘梦》第九章）。通天河，即长江上游；冈天削，是为昆仑山口。

陈渠珍原打算沿今青藏线过通天河之源沱沱河，随后翻越巴颜喀拉山、昆仑山口，再从今五道梁等地转玉树州曲麻莱县、治多县，经玉树到西宁，前半段取旧时唐蕃古道之西道，后半段取其东道。然而风雪肆虐之中，向导不能辨路导致迷失，在过通天河后，这队人马如遇"鬼打墙"，心慌意乱地往复绕折。荒野漠漠，狂风萧萧，遍地冰雪，他们终于走入人类生存的禁区。

天地都被绵邈迷茫的云雾笼罩，基本与地球南北极无异。一场场大雪如铺如盖，天地苍莽，群山寂然不动，冷酷地与闯入者对峙。四野只能听到熊的咆哮和狼群的嚎叫声，它们在争食牛羊的尸体。在最艰难的时刻，陈渠珍几欲倒地不起，西原持枪护卫左右。在高原的苦寒、野狼的窥视、饥饿的折磨中苦苦求生，茹毛饮血，不断有人死在渺无人烟的沿途。除风雪严寒等极限境遇的挑战外，令人倍感绝望恐怖的人性深渊也森然显露，撩拨着每根疲弱不堪的神经。

荒原辗转7个多月，他们终于到达人烟辐辏的大城市西宁。纯净的高原女儿对外界的病菌毫无抵抗力，在青藏绝地九死一生顽强存活下来的西原，却在脱险后转瞬病逝。陈渠珍借资办完丧事后，"入室，觉伊不见。室冷帏空，天胡不吊，厄我至此。又不禁仰天长号，泪尽声嘶也"（《艽野尘梦》第十二章）。行文至此，陈渠珍"肝肠寸断矣。余书亦从此辍笔矣"（《艽野尘梦》第十二章）。

即使在全世界的历险史上看，这也是一次空前绝后的凶险之旅。第一，海拔最高，多数行程在5000米上下；第二，路途遥远，将近2000公里，多次迷途往复尚不计，以至于此一行人旷日持久地走了大半年光阴。迷困、断粮、缺氧、冻厄是每日常景，抵达青海丹噶尔厅时，115名官兵中生还者仅11人。全书以地理行程和时间结构全文，具有显著的文学地理学意义，除珍贵史料价值外，更成就一部历险奇书。

芜野——荒远之野、死亡之野，岁月风沙抹去了如梦如烟的英雄传奇，却吹不散昆仑山巅万年积雪不化而成的雪晶，如今荒原依旧，大地安稳。遥想高峻艰险、气候寒冷的高原之上，先民们过着逐水草游牧、冬季定居的生活，按部落聚居，分小股群落散牧。他们质朴淳厚，尚武顽强，壮者皆兵，快意恩仇，"强则分种为酋豪，弱则为人附落，更相抄暴，以力为雄"（《后汉书·西羌传》）等原始时代的传统习惯，将高原腹地变成奇侠与豪客的摇篮。

三江源地区地域开阔，东接秦陇，西通西域，南交蜀藏，北护甘凉，形势险要，能"隔塞羌胡交关之路，遏绝狂狡窥欲之源。又殖谷富边，省委输之役，国家可以无西方之忧"（《甘肃通志》卷45）。然而"自三代以来，中国之患，恒在西北夷"，在中原士人的眼中，游牧民族奔腾的骏马、强劲的弓弩，注定让一代代中原帝王头痛不已。

"君不见，青海头，古来白骨无人收"。三江源地区注定是刀戟搏击、战争高发的边防要冲，"更在青海湖以西"的地理环境，自古以来，极大影响着中原官员、文人士子们对此地的环境认知与文化表达，也加深着内陆士人对蛮荒边塞的恐惧与逃避。这里没有连绵农田，严寒干燥，满目荒凉，在富庶而温文的中原人士眼中，这里当然不是实现社会生命价值的理想处所，更不可能成为他们魂牵梦绕的精神家园。再加上历史上形成的"夷狄为患久矣"之观念，是故"历代视此地为异域"。

有关三江源地区的历史记载，官书正史的记载一向很少，且所记事实往往语焉不详，或者所记时间与事实发生之时相距甚远，多不可靠。元以前人们观念里的三江源地区，大多与文人作品里的青海、河源、羌戎、昆仑等混同，都是大一统观念支配下的模糊概念。直到清代以来，驻藏奏牍、奏疏、旅藏记游之类著述才略有增多。

"三江源"地区由河湟谷地、河曲草原、环湖草原、噶斯草原、青南高原、祁连山地和柴达木盆地等多个区域组成，以中华大地上独一无二且影响深远的地理因素，引导了一条特殊人文地带的形成。《汉书·地理志下》中记载：

> 迫近戎狄，修习战备，高上气力，以射猎为先……以兵马为务。酒礼之会，上下通焉，吏民相亲……少盗贼，有和气之应。

《旧唐书·吐蕃列传》则谓：

> 吐蕃……多事羝羊之神，人信巫觋，不知节候，麦熟为岁首。围棋陆博，吹蠡鸣鼓为戏，弓剑不离身……军令严肃，每战，前队皆死，后队方进。重兵死，恶病终……西戎之地，吐蕃是强。蚕食邻国，鹰扬汉疆。

也正因如此，这一地区的政局也很难长期稳定，如东汉时的所谓"羌祸"，唐时的唐蕃之争等等。中央政府的政治力量常常鞭长莫及，一旦边关示警，派兵征讨殊为不易，往往出现"驰骋东西，奔救首尾，摇动数州之境，日耗千金之资"的困窘局面。

三江源并不闭塞，沟通和交流其实未曾止息。与尚文崇礼的儒家文明价值体系殊异的三江源地区，对于外界，却始终充满诱惑，吸引了一代又一代的探险者。西方人将其视为探险的乐园、考察的目标，一次次试图闯入这片号称"未经现代文明染指的最后净土"。

瑞典探险家斯文·赫定，曾经"以死为侣"，穿越这片贫瘠荒寒之地，在其名著《亚洲腹地旅行记》中详尽记载了这一次旅程。数月后他抵达日喀则时，已是形销骨立，上路时的130只牲畜仅剩下两匹马一头骡。

在他的记忆中，三江源地区的先民们，靠又老又硬的肉干、奶油、酸奶、茶砖为生，狩猎时躲在泉水旁边低矮的石墙后面，等候猎物到来；他们用野驴皮制作靴子和皮索，驯养的牦牛和绵羊、山羊都是由一家人共同照料，"日子过得虽然单调，却相当健康而灵动"。年复一年，他们就在这令人晕眩的高山上、在刺骨的风霜大雪中安然地生活着，无论如何艰苦，都会"竖立献给山神的石堆，对居住在湖泊、河川、山脉间的鬼神均心存敬畏。最后大限来临了，亲人便将死者的尸体带到山里，任由野狼与秃鹰收拾善后"。

英国人彼得·霍普柯克在所著《闯入世界屋脊的人》一书中，这样记录三江源大草原的景象："茫茫的峡谷及山脉，将这片树木稀少的荒原切割得凹凸起伏。这里只住着一些游牧民。他们为了寻找那些少得可怜的牧草经常到处迁移，他们住在颇具特色的黑色牛毛帐篷里，帐外有巨大的猛犬护卫，许多人被贫困所迫而去进行偷窃活动，或抢劫从蒙古和新疆途经羌塘的香客及商队商人。"

外国探险家也曾到达河源一带。白俄罗斯著名探险家和旅行家普尔热瓦尔斯基一生五次探险有四次涉及藏区，1883年11月，他率领俄国探险队一行人从库伦出发，经由阿拉善定远营，翻越祁连山经青海湖，在柴达木巴隆扎萨克安置好标本储藏营地轻装行进，意图赶在1884年夏季结束前返回营地，然后伺机向拉萨方向前进，或者在这一计划受阻的情况下转向柴达木以西或是藏北探险。1884年5月初，普尔热瓦尔斯基开始翻越布尔罕布达山，他给俄国沙皇皇太子写信，说越过此山的高地东段，"就是中国两条著名河流黄河和长江的源头了，基督诞生之前到上一个世纪，中国人不断探索这两条河源，但都没有成功过。确实，北藏在近代甚至目前为止部分地区还是一片地理盲区"。接下来他说道："我们翻越布尔罕布达山，穿越一片荒漠大概67英里，最后到达我们梦寐以求的目的地，黄河源……接下来，它（黄河）绕着终年积雪的阿尼玛卿山转了一个大弯，湍流撕开昆仑山层叠的积石，一直奔向中国内陆边界。"5月29日，俄国人抵达鄂郭塔拉，他们啜饮黄河水，欢呼雀跃，庆祝胜利。

1898年、1902年，沙俄又派探险家科兹洛夫率队两次经过柴达木盆地，翻越巴颜喀拉山，到了通天河北岸。1892年，美国人洛克希尔走得更远，到了尕尔曲。1896年，英国人韦尔伯到达楚玛尔河上游的多尔改错。瑞典人斯文·赫定也到过柴达木盆地南缘的昆仑山附近。他们均已到了长江源区，却均未抵达长江源头。

西方探险家们深一脚浅一脚地行进在沙土、乱石、积雪、草甸和陡坡之上，不同的文明开始碰撞，同时又相互融合。他们笔下的三江源地区严酷到令人却步，探险队的驼铃声听上去恍若隔世之音，山岩古道上驮畜的蹄迹和背夫拄杖的杵痕尚未完全湮没，仿佛是在古道上留下的几声微弱叹息。

他们的探索给这片土地留下了什么？

其实在漫长的光阴里，人们对这片土地的认识并没有深入多少。这一地域的历史，就像一座古旧而斑驳的迷宫，这给后来的历史解读造成了许多盲点，造成了许多神秘因素，造成了因人、因地、因时而不同的认知和表述。和外来的探险者一样，中原王朝对三江源的了解和记录，同样显得粗浅和模糊，"旧志所载，寥寥若晨星"[①]。无论是中国的研究者还是西方的观察者，很多人迷失在这座影影绰绰的迷宫里，最后带着困惑与遗憾永久地沉默了。

但起码他们意识到，在对文明世界产生困惑和厌倦之后，人类还有更广袤的更本真的生存空间，这就给那些敏锐的探索者提供了一个精神振作的空间依托，鼓舞他们到这片充满启示的土地上来寻找梦想。美国著名的动物学家、博物学家夏勒博士在童年时代就读过斯文·赫定的描述，三江源地区对于他来说，是一块充满梦幻和奇迹的地方。后来当他真正踏上这片土地之后，发现这个地区有着太多未知的东西，尤其是野生动物，他发现了许多尚无人研究的物种。"在这里人们仿佛来

---

① （清）杨应琚纂修《西宁府新志》卷五。

到一个完全陌生的世界，一个外界尚未涉足的世界。"[1]

震撼他心灵的，正是那一幕幕旷野之上的美丽奇迹。旷野里的动物只要一出现，就自带宏伟壮观的气质。气场十足的野牦牛，像精灵般跃动的藏羚羊、藏原羚，还有奔腾的藏野驴……从可观赏性和动物研究及保护价值上来讲，三江源并不亚于东非大草原。这里的自然环境就是最好的保护屏障，动物没有太多天敌。

在三江源这片"最后的荒野"上，平均海拔在4000米以上，空气含氧量不足海平面的七成，年平均气温普遍在0℃以下。高低不同的高原湖泊相互拼接，很多湖泊是咸水湖。黄云衰草，荒凉苦寒，最低气温达零下40℃，气候极其干燥，寒冷多风。降雪集中，大大小小的雪灾难以预测，有时一场大雪，几天几夜，雪深可达一米以上。逢到雪灾就人死畜亡，常有"无一幸免""荡然无存"字样的记载。沱沱河沿风力大，沙暴多，每年11月到翌年3月，整个江源地区常会形成沙暴，声震荒原。风大天寒，飞沙走石，树木难以生长，一些鸟类不得不改变在树上筑巢的习惯，寄居于鼠穴之中。

一条灰色的小道默默躺在荒原上，岁月把它遗弃了。从

---

[1] 〔美〕乔治·B·夏勒著，康蔼黎译《青藏高原上的生灵》，华东师范大学出版社，2003年版。

这条小道上匆匆而过的旅人除了强盗和逃犯，就是私奔的情侣和偷运武器黄金的走私者。小道旁有一块大岩石，刻在石壁上的一尊菩萨塑像的浮雕已褪尽了颜色变得模糊不清，岩石顶上盘踞着一只孤独的苍鹰，偶尔发出一声长长的啼鸣在无声的旷野上回荡。这是一片令人生畏的死一般寂寞的荒原。每一个路经此地的旅人都不敢放慢疲惫的双脚，惟恐被死神留下在此长眠不醒。

扎西达娃《野猫走过漫漫岁月》

时光在高寒缺氧、风沙呼啸的戈壁高原上无声地行进。很多年以后，西藏作家扎西达娃借雪域高原令人生畏的生存环境，隐喻了人类苦难的生命历程。进入荒野的人类，其实与一株草并无区别。

从文化地理学意义上来看，三江源地区不同于其他地域的游牧文化。巨大的地理屏障，使这片高天厚土处于独立的历史单元中，这里积淀、筛选了几千年较稳定、较沉重的文化形态，所有外界带来的变化都极为迟缓。雪域地理高峻、封闭的特点，使它无法在与农耕民族交流融会中，很容易就被其他文化形态同化、移植或吸纳。

在《所思在西部高原》中，遥望河源，诗人昌耀感叹"世俗的光阴走得好慢"；在《去格尔木之路》中，有"一峰孤单的骆驼向着东方默默翘望"。这里曾经是让诗人永生难忘的落难地，也同样是让人重新贯注生命与灵魂的重生地。《踏着蚀洞斑驳的岩原》中"跛行的瘦马"与"老鹰的掠影"喻示着文明的死亡和民族的衰落，那颅骨生有角板的雄鹿，则会"遁越于危崖沼泽，与猎人相周旋"（《鹿的角板》）。诗人在"大山的绝壁"中一次次寻求亲近始源的创造能量，将雪域古老的、带有原始风貌的生活，通过神话、传说、历史和民俗的诗性重构，强烈地表达出来。"我从白头的巴颜喀拉走下，我是滋润的河床。我是枯干的河床。我是浩荡的河床"（《青藏高原的形体》）。江河的持续性与流动性，有一种自然神性的显现，以及从堕落世界中复活的超然力量。诗人怀着感恩之心，用心刻画着大高原的灵魂造型，系列组诗《旷原之野》《青藏高原的形体》《河床、圣迹》《寻找黄河正源卡日曲铜色河》等，在诗性的空间里展示着三江源的旷野精神与西部生命的浩瀚。

山川依旧，大地安稳。大约在30年前，又有旅居西藏的汉地作家马丽华在青藏高原上漫游，走过了三江源地区的很多地方。她感叹自己每次来，"都有新感受，即使对于苦难和认命，也有了比较一年前更深切些的理解；而几乎所有的感受都与大自然相关"（马丽华：《藏北游历》）。

在人类栖居的这颗星球上，未被控制、开发和利用的荒野自然已相当稀缺。在荒野中，生命的奇迹仍在兀自轮番上演，那里是生命孵化的基质。荒野是涌现者和守护者。荒野独立而不待,自然而不刻意,健行而不知疲惫。海德格尔曾以希腊神殿为例,说明荒野、自然的本质:

> 作为作品存在的神殿,它建立了一个世界,却并不导致质料的消失,恰恰是神殿首次使建造神殿的质料涌现出来并进入作品世界的敞开之境。有了神殿,有了神殿世界的敞开,岩石才开始负载,停息并第一次真正成为岩石之所是;金属开始熠熠生辉,颜料开始光彩耀眼,音调化为歌唱,语词变为言说。作品把自己置回到岩石的硕大与沉重,木材的牢固与坚韧,金属的坚硬与光泽,颜色的光亮与晦暗,音调的铿锵和语词的命名力量,当是时,一切这样的质料都涌现出来。
>
> *海德格尔《人,诗意地安居》*

在生态哲学家罗尔斯顿看来,保留和保护荒野自然,因为"荒野是一个活的博物馆,展示着我们的生命之根"。当全世界可供探险家、人类学家、田野工作者们考察的荒野越来越少,人们蓦然回首才会发现,绝美风景与原始伟力合一的三江源,其雄浑苍劲的精气始终萦绕不散。过度文明的族群,会慢慢失去战斗意志,变得软弱和懈怠。而荒野让人想起源自生命本能的死寂与冲动，它的存在本身，就能启示和激励个人和族群不可或缺的阳刚气概，生发勇于开拓的无畏与豪情。

荒原风景和精神的终极，就像约翰·巴勒斯曾经感受到的那样，是一种"洗尽铅华、震撼心灵的那种宁静"，"相比之下，音乐、文学甚至宗教都只不过是不起眼的形式与象征"（《醒来的森林》）。三江源带给人的感受，是太初之境的大静谧和大安详，是人类与自然合作谱写并同声吟唱的唱赞之诗。

冰峰雪岭间，天蓝色冰川湖隐约可见。江河不绝如缕，闪动在山基灰白色的阴影里。嵯峨峰际雪光晶莹，汹涌澎湃的江河，就从群山间蜿蜒而出，奔行数千里，历经阻隔崎岖，泽布天下。高寒、荒凉与冷寂，在冥冥之间，仿佛正是为着江河源头的宁静和安全而设置的森严防线。

在最寂静的空间里，在千年雪风的吹拂下，这里永远是历史地理学、生态人类学最辽阔、最迷人的处女地，甚至为现代文明提供着一个无比珍贵的原初模版以供参照。北方无垠而又寂静的雪野，展示出人性的峻严与神圣，文明进步和原始本真的对立与缠绕，拷问着人的道德精神；还有宗教的梵音、文化的吟咏，也深藏在群山深刻的褶皱间，藏在《格萨尔王》说唱艺人的歌声里，藏在步步惊心、风声鹤唳的史册中。葳蕤巫幻的神秘境界，吸引我们一次次走向高处，并将星散于高原表里的诗页悉心收拢，沉思默察，以求追根溯源。

河源唯远

时间之河徐缓而过，如雾如雨，混沌迷蒙。30年雨量丰沛，就足以形成一道河流，足以有浪，拍打如崖的河岸。

河流的形成，又可能有很多种形式。

无数的雨点落到坡面上，汇集成涓涓细流，顺着山沟哗哗地淌下。细流再汇集成更大的河流，到了滩地，这是山谷型河流的起源。

一片沼泽，苔草处处，河道弯弯，水洼点点，到了地形的条状低凹处，形成较大的水泊，一条河就形成了，这是沼泽型河流的起源。

雪峰连绵不断，每当夏季阳光照射在冰川上，雪水滴答而下、渐渐汇集成河，在高山峡谷间奔流不息，这是以冰川为源头的河流的起源。

有时一股泉水从地下汩汩涌出，缓缓流淌，日久年深，也能汇集成一条恒久脉动的河流。

听同行的科学家说，三江源有许多独特的自然现象，比如"泉冰川"，这是一种唯三江源独有的季节性小冰川，是地下泉水在冬季的特殊形态。汩汩流出的泉水未及远行就被冰结，后续的水流不断奔涌，一个冬春就可凝成一座形态可观的冰川，如同精美浮雕。再经过夏天的阳光照耀，它们会缓慢消融，去润泽绿色的原野。

大江大河就是这样以各种形式在灰白或棕褐色的山间肆意流淌，在层层叠叠的冰山和草滩里汩汩流出，形成裙裾一般飘逸的蜿蜒水系，就像是一棵根深叶茂的大树，干枝交错、叶脉纵横，穿梭、汇集、闭合、交错，永不停歇，勾勒出了华夏文明最初的模样。

三江源国家森林公园最北端的黄河源园区，北靠布拉汗达山，南依昆仑山，西抵雅拉达泽山，东到阿尼玛卿山，占据了玛多县75%的面积。河源区的溪涧、泉水、冰川、沼泽或湖泊，都承担了河水的补给工作。园区内的扎陵湖和鄂陵湖是黄河源头两个最大的湖泊，鄂陵湖水在东段的一个出口无声流出，这条30米宽的小河，自此才拥有一个响亮的名字——黄河。

河流补给的源头，通常是溪涧、泉水、冰川、沼泽或湖泊。玛多被称为"千湖之县"，域内有大小湖泊4000多个。这些湖泊遍布在草原上，然后通过河流连接起来，使整个玛多县成为一个巨大的蓄水池。黄河之所以能日夜不息奔腾而下，冲积出孕育华夏文明的河套平原和华北平原，也离不开湖泊湿地的蓄水功能。

一个人要是从江河的源头走向出海口，他获得的一定是更大的差异、未知，以及前所未有的全新经验。很难想象，长江、黄河的入海口，一个在山东东营，一个在上海，差了1000多公里。但如果沿着入海口上溯几千公里，会发现两条大河都发源于高原上这同一片区域。一条河的流程，为什么会这么长？几千里的长旅，两岸人们连语言和容貌都几度更改。总会有人悠然神往，生出追溯到"最远之源头"这样的想法——在那目力所不及的远方，河流究竟有没有一个确定的出发"点"呢？

犹记第一次来到三江源，注视着远方的流水和小片水洼，心里明显有一种不满足之感：啊，说是黄河之水天上来，原来源头之水这么小啊。黄河之水被称为"玛曲"（藏语"曲"即"河"），地名"玛多"即指"黄河流经的地方"；黄河源头，藏语称"玛康岭"。而源出冰川的水流，大点的就叫"扎曲"，水深流急；载不动小船的那种水，叫弱水。长江源头的水也是如此，如刚刚从母亲的怀抱中分娩，是孩童时代的河流。蜿蜒交错的水流清新欢快，很难使人想到这是奔腾咆哮的万里长江之初。沿途一路，不断有或大或小的水流不停注入，比如阿尼玛卿等雪山冰川之水注入，即使是"弱水"，也会渐渐丰沛。

江河之上
三江源的历史与地理

通天河自西北向东南流淌在高旷、严寒的玉树草原上，在离蓝天白云似乎很近的地方集结。通天河上游是沱沱河，万里长江由那里而起。溯通天河而上，在狭窄的峡谷间，还是感受到了狂放不羁的奔涌，江水湍急，伟力无穷，河流的另一种形态猝不及防地闪现，那才是源头江河野性的奔流。这时你才会蓦然意识到，空间上，这是一条江的上游；时间上，这是一个民族的上游。

江河的源头到底在那里？在现实中，"江河源"是怎样的一种存在？不论对考古、地理还是人类学而言，这都是一个难以回答，甚至难以想象的问题。它终究是一个模糊的地理和方位概念。切实无疑的地理方位坐标，千年以来，更多地存在于人们的臆想之中，苍茫无定、神秘难测，以至于我们不能对其进行一个或随意或硬性的理解。

中国的远古文明与河流的起源密不可分。久远的史书中多有记载：

> 海内昆仑之虚……河水出东北隅，以行其北，西南又入渤海，又出海外，即西而北，入禹所导积石山。（《山海经·海内西经》）

> 河出昆仑虚，色白。所渠并千七百，一川色黄。百里一小曲，千里一曲一直。（《尔雅·释水》）

于阗之西，则水皆西流，注西海；其东水东流，注盐泽。盐泽潜行地下，其南则河源出焉。多玉石。河注中国。而楼兰、姑师邑有城郭，临盐泽，盐泽去长安可五千里。匈奴右方居盐泽以东，至陇西长城，南接羌，隔汉道焉。（《史记·大宛列传》）

对"源"的探寻，就是对民族文化的寻根。

在中国历史上，虽历经王朝变换，人们对河源的探索从来没有停止过，甚至可以一直追溯到先秦时代。《尚书·禹贡》中就有大禹"导河积石"之说，指明大禹治水从积石山开始，"积石"就是阿尼玛卿山，亦称大积石山。而《山海经》则认为，黄河发源于昆仑，过泑泽（罗布泊），一度伏地千里，又从积石山冒了出来。昆仑为神之所居之圣地，"河出昆仑"的说法迎合着民族文化心理的需要。《尔雅·释水》的"河出昆仑虚"，与《淮南子·地形训》的"河水出昆仑东北陬，贯渤海"，继承了传统的"河出昆仑说"。黄河上源一带的地理状况，汉以前为戎羌诸族所占据，中原人当时知之不多。所谓的"河出昆仑"，更多是出于对传闻的迷信或臆度。

汉武帝困惑的目光，也曾投向这片荒寒神秘的群山，他曾经派人寻找河源。张骞出使西域，据说身负的使命里也包括寻访黄河的源头。张骞当年的探寻颇费周折。他见塔里木河的水注入罗布泊后，潜入地下流动，水量丰沛，于是认定塔里木河是黄河的上源。而塔河水来自葱岭，帕米尔高原就成了黄河源。班固《汉书·西域传》在继承张骞说法的基础上，又融合其弟班超长期在西域活动的经验，提出了黄河有两源，"一出葱岭山，一出于阗。于阗在南山下，其河北流，与葱岭河合，东注蒲昌海（即今罗布泊）。蒲昌海，一名盐泽者也……其水亭居，冬夏不增减，皆以为潜行地下，南出于积石，为中国河云。"当然根据现代勘测资料来看，罗布泊较青藏高原海拔低2000多米，黄河水由地势较低的罗布泊流向地势较高的青藏高原，这种说法显然是不合理的。

随着对河源的追寻，汉朝西部边界突破了秦朝的界限，在黄河的"源头"设立了"西域都护府"，包括今新疆和中亚部分地区。三江源东部的河湟地区被纳入中国版图，来此戍边、屯垦的中原士卒不计其数。

魏晋时期，随着中原与吐谷浑之间交往的频繁，人们逐渐认识到黄河的源头似乎并不在新疆，而是在青海境内，西晋博物学家张华指出了黄河相当具体的发源地："河源出星宿，初出甚清，带赤色，后以诸羌水注之而浊。"

到隋代，随着东西交流的不断加强，世人已经开始认识到，黄河河源不在新疆地区而在青藏高原。隋炀帝大业五年（609），"（刘权）从征吐谷浑，权率众出伊吾道，与贼相遇，击走之。逐北至青海，虏获千余口，乘胜至伏俟城。帝复令权过曼头、赤水，置河源郡、积石镇，大开屯田，留镇西境"（《隋书·刘权传》）。河源郡辖区在今青海果洛藏族自治州和青海海南藏族自治州地区，虽然还未包括真正的河源区，但河源郡的设立说明，隋代对黄河源的认识已经跳出了黄河重源说的局限。置河源郡、积石郡的行为，也表明了对"河源"的重视。

到了唐代，"河源"就处于唐与吐蕃疆域的交界地带，成了双方争夺的战略要地，"观河源""望河源"之类的冲动与愿望，常常出现在诗文之中。如"箫声去日远，万里望河源"（徐坚《奉和送金城公主适西番应制》）、"乡关万里无因见，西戎河源早晚休"（张仲素《塞下曲》）、"河源怒触风如刀，剪断朔云天更高"（温飞卿《塞寒行》）等等，都表现了当时诗人对河源的情感与态度。但这些诗人们没有亲到过河源地区，实际上无法清晰知晓河源所在，只是凭借前人的记述和相关神话传说加以想象，与自然的"河源"存在明显的差异。

《旧唐书》中关于征伐战争、会盟、和亲的记载，也多次提到黄河河源区。唐太宗贞观九年（635），李靖、侯君集、李道宗、李大亮等奉命击吐谷浑，"靖等进至赤海，遇其天柱王部落，击大破之，遂历于河源……侯君集与江夏王道宗趣南路，登汉哭山，饮马乌海，获其名王梁屈忽，经涂二千余里空虚之地，盛夏降霜，多积雪，其地乏水草，将士啖冰，马皆食雪。又达于柏梁，北望积石山，观河源之所出焉"（《旧唐书·吐谷浑传》）。

唐穆宗长庆元年（821），大理寺卿刘元鼎以唐蕃会盟使出使吐蕃，"渡黄河上流，在洪济桥西南二千余里，其水极为浅狭，春可揭涉，秋夏则以船渡。其南三百余里有三山，山形如镦，河源在其间，水甚清冷，流经诸水，色遂赤，续为诸水所注，渐既黄浊。又其源西去蕃之列馆约四驿，每驿约二百余里。东北去莫贺延碛尾，阔五十里，向南渐狭小，北自沙州之西。乃南入吐浑国，至此转微，故号碛尾。计其地理，当剑南之直西"（《旧唐书·吐蕃传》）。

文成公主入藏时，松赞干布就是在河源区迎接公主的。

隋唐时期人们认识到，黄河的真正源头不是塔里木河、蒲昌海，而是青藏高原地区的星宿海。这时，"河源"才可以作为一个真正的实体景观。星宿海位于黄河上游的源头地区，与扎陵湖相通，为黄河散流地面而成浅湖分布的沙丘、沮洳地带，是一个开阔的积水盆地。黄河上源有河流注入于星宿海。星宿海的由来，是由于这里是一片广阔的草滩和沼泽，滩上密布着大小不一、形状各异的水泊，这些水泊在月光下闪闪发光，灿若群星，因而得名。黄河流过，将大部分水泊连接起来，星光连缀，水泊四周生长着茂密的植物，景色迷人。

与此同时，中国的疆域在继承秦汉时期的基础上，开始向新的河源推进。

唐太宗贞观九年（635），吐谷浑西平郡王慕容顺光被部下所杀，唐太宗封顺光子为河源郡王，使统其众。至此，汉民族所能认识到的最远的河源地区已经并入大唐版图。

唐代对江源的认识也随之推进。唐初攻打吐谷浑及文成公主入藏，由于入藏通道必经今通天河流域，这使得当时的人们对长江的认识意外地上溯到了金沙江上源。当然对于长江的整体概念依然模糊。李白在《过彭蠡湖》诗中也写道："余方窥石镜，兼得穷江源。"同样仅止步于浪漫的想象。

自唐至宋，虽历经政权更迭，但人们对江河源的探索并没有停止。

宋朝的《华夷图》，已把河源绘在积石山以西很远的地方，大致相当于星宿海地区。《宋史·河渠志》曰："黄河自昔为中国患，《河渠书》述之详矣。探厥本源，则博望之说，犹为未也。大元至元二十七年，我世祖皇帝命学士蒲察笃实西穷河源，始得其详。今西蕃朵甘思南鄙曰星宿海者，其源也。四山之间，有泉近百泓，汇而为海，登高望之，若星宿布列，故名。"

元代是一个转折点。元朝的统一，结束了中国南北分裂的局面，整个青藏高原亦并入中国版图。元朝政府不仅扶持了萨迦政权设立"十三万户"，还派出相对比较专业的测绘人员走向青藏大地的深处。

元世祖忽必烈甚至想要在黄河的源头修建一座城市。《河源志》清晰记载了忽必烈探查河源的动机："（河源之地）汉唐所不能悉其源。今为吾地，朕欲极其源之所出，营一城，俾番贾互市，规置航传。凡物贡水行达京师，古无有也。朕为之，以永后来无穷利益。"

于是"至元十七年，命笃实为招讨使，佩金虎符，往求河源"。他们从河州（今临夏）出发，沿河西上，"四阅月，始抵河源"，对整个河源地区的地貌、气候、动植物资源等，都作了调查和记录。

笃实返回后，忽必烈命其详尽制图，这是中国首次派人实地考察黄河河源的官方记录。

这是历史上首次大规模以国家力量为后盾探寻河源的活动，其探查结果具有相当的权威性。根据《河源志》的记载，此次考察达到了阿剌脑儿和火敦脑儿。阿剌脑儿就是现今的扎陵湖和鄂陵湖，火敦脑儿就是星宿海。笃实的考察可以说进一步否定了"黄河重源说"。《河源志》载："史称河有两源，一出于阗，一出葱岭。于阗水北行，合葱岭河，注蒲类海，不流，狄至临洮水自南来，非蒲类明矣。"

蒲类海即是指罗布泊。通过实地查考，笃实亲自到达星宿海，将塔里木河水系与黄河水系分割开来，厘清了罗布泊作为黄河河源区的迷误。在《河源志》图中，他标识河源在"朵甘思西鄙"，认定星宿海为黄河源头。《元史·地理志·河源附录》引《河源志》说，河源"有泉百余泓，沮洳散涣，弗可逼视，方可七八十里。履高山下瞰，灿若列星，以故名火敦脑儿。火敦，译言星宿也。群流奔辏，近五七里，汇二巨泽，名阿剌脑儿。自西而东，连属吞噬，行一日，迤逦东骛成川，号赤宾河。"

根据《河源志》的记载，当时都实一行人走到了星宿海，但并没有再往前走，严格地说，他也没有真正地到达黄河的源头。河源间的星宿海是黄河流经两山夹峙间的开阔川地，是人迹罕至的草滩上的水泡子，大小不一、星罗棋布，一到晚上月光泻地，星光闪烁之下，草滩上的水泡子也恍若群星，星宿海由此得名。这段史料也明确记录了星宿海下面有扎陵湖、鄂陵湖这两个湖。

明朝洪武初年，著名僧人宗泐奉使西域，返归途中经过江河源头地区，畅想千古探河源事，目睹眼前山川气势，感叹不已。他在《望河源》诗的序言中说："河源出抹必力赤巴山，番人呼黄河为抹处、犁牛河为必力处，赤巴者分界也，其山西南所出之水则流入犁牛河，东北之水为河源。"他还十分详细地指明了黄河的真正源头乃巴颜喀拉山东北之卡日曲，首次提及当地人与汉使的"河源"认知差异，表达了对西汉以来流传的"河出昆仑"说的否定态度。

明代探寻领悟江源的最大亮点，出自徐霞客。

他质疑："何江源短而河源长也？岂河之大更倍于江乎？""计其吐纳，江既倍于河，其大固宜也。"（徐弘祖《溯江源记》）单向性的思考，感觉仍有太多的间隔没有打通，也还有不少文化与心理的纽带需要延长，所以"河源屡经寻讨，故始知其远；江源从无问津，故仅宗其近"。从江源到宜宾，包括了金沙江和通天河，总长3496公里。徐霞客明确提出："故推江源者，必当以金沙为首。"

徐霞客到了云南丽江的石鼓，未能再溯江西上，离真正的江源还很远。徐霞客认为江源"必当以金沙为首"，只是指出了江源的方向，而这个方向是对的，并且有别于"岷山导江"说。徐霞客指出"在叙州者，只知其水出于马湖、乌蒙，而不知上流之由云南丽江；在云南丽江者，知其为金沙江，而不知下流之出叙为江源"；这就是徐霞客了不起的地方。而且在无意识间，他也为长江源头众多族群在国家地理意义上的文化整合打下了基础。

三江源地区自古经济落后，自不待言，清朝时，此地区不能缴纳赋税，一直都要国家救济，戍边、战事所需物质"十之九皆取于内郡"，而国家不惜花费重金来维护此地，是因为："盖宁郡远通强虏，近逼羌戎，为河西之障，河西为河东之障，河东又为关中之障也。宁郡无重兵，则河西孤；河西孤则河东虚；

河东虚则关中势弱。所谓唇齿相依，何其要哉！"①由此可以看出，三江源地区得天独厚的军事位置，也是无与伦比的。贯穿整个清代，青藏地方与中央政府关系都至为密切，对于此处的自然科学诸如地理、生物、气候之类的认识也在加深。清康熙年间，亦有官方人士前往青海考察江河源头，对星宿海一带山水地貌及黄河源流做了较为详细的描述，甚至把星宿海以北的河源也勘查和绘制出来。《钦定河源纪略》被收入《四库全书》。

法国传教士白晋、雷孝思、杜德美率领中国测量人员用三角测量法在全中国实行大规模测量达11年之久，于1718年绘制成《皇舆全览图》，这是中国运用近代测量法经过实地测量后绘成的第一本中国地图集，这本地图集还分别为黄河、长江绘制了《河源图》《江源图》。

《皇舆全览图》总揽青藏大山川，指出"天下众山皆由此起"，沿用当地名称，将喜马拉雅最高峰标上了"珠穆朗玛"字样。此外，《皇舆全览图》上还明确标示金沙江上源为"木鲁乌苏河"，蒙语里是"冰河"的意思。1761年，齐召南著《水道提纲》，非常清晰地论断道："金沙江既会鸦砻江，水势愈盛……源远流长，所受大水数十，小水无数，虽滩多石险，舟楫难行，其为大江上源无疑也。"此时星宿海和其下的扎陵湖、鄂陵湖

① （清）杨应琚纂修《西宁府新志》卷十六。

江河之上
三江源的历史与地理

已为人熟知。考察重点转移到了金沙江的三条源流，即布曲、尕尔曲、当曲。

明清时期也有写到河源、星宿海的诗歌，河源、星宿海等意象在诗歌中成为了塞外奇异景观的特有名词。

黄河在中国版图的形成过程中，一方面具有心理暗示作用，促使人们找寻它的源泉，从而把它的源泉也纳入版图。土地和水源本就是族群生存的相关基础和根本所在，在一次次的寻源历程中，黄河不知不觉成为了中华民族的象征符号之一，而河源成为了民族之根的象征；原本散落河源及四方的地方性知识，也都上升为族群观念和宏大叙事，相辅相成地完成了民族共同体的认知与凝聚力。

及至民国，华夏以"中国"之称渐渐在现代世界体系里自立，对河源的重视与日俱增。1937年，国民政府四川省陆地测量局在川、青、甘、康四省交界地方测量时，开始从河流长度、水量、比降、集水面积、源头形态、传统称谓等方面进行较为规范的考察，并写有《黄河上游流域考察记》，测绘了黄河源地区的地形图，并编写有《黄河源勘察报告》。这是20世纪国内最早、规模较大的有关河源查勘。

关于长江、黄河的源头，此时已有专门的说明性文章向民众介绍，如《江河之源》就介绍了关于扬子江、黄河的水文特征，"扬子江发源于玉树二十五族西部巴颜喀拉山之阳，正源藏名杂曲，蒙名木里乌苏，汉称通天河，上游水流细小，地势高寒，入秋即积雪不消。黄河导源于青海之西南鄂陵扎陵湖，水势平缓，蜿蜒东下，河身渐下渐宽……"①这已经相当准确明晰了。此说载入中小学地理课本，并由此曾盛行数十年。

在河流诸源中确认正源，一般要遵循四项条件：一是河长，它必须是最长的；"河源唯远"——这也正合了江河不断延伸、充满生机的特质。二是流量，它应该是水量最大的。三是流域面积，要宽广一些。除了这三点以外，相关的人文因素也是需要参考的，比如说民族习惯、当地的传统看法等。

新中国成立以后，随着道路条件和考察技术手段的改善，国内外学者联合国家或地方政府对三江源进行了多次探查源头的科研活动。比如1952年，黄河水利委员会组织了一支河源查勘队，进行了寻找大河源头的探险，工作历时4个多月，历经种种艰苦，把他们找到的源头标在了地图上。2008年，青海省政府组织了三江源头科学考察活动，考察队认定，卡日曲是黄河正源。

江源的科考成果也在扩大。1976年，长江流域规划办公室（水利部长江水利委员会的前身）组织专家对长江源区摄影考察，并得出了这样的结论：长江源区的五大河流中，沱沱河

①《江河之源》，载《交通部津浦区铁路管理局日报》，1948年，第676期，第3页。

江河之上
三江源的历史与地理

最长，约375公里，支流当曲长357公里，并依此确定，沱沱河是长江的正源。1978年，新华社发布消息，称沱沱河是长江正源，这一结论被沿用至今。

不过后来有专家发现：当曲的长度和水量都要长出和高出沱沱河，不少专家认为，若是依据世界公认的"河源唯长""水量唯大"的原则，当曲应该是长江的正源。2000年，中国科学院刘少创研究员首次使用卫星遥感技术，对长江源区测绘。在对近40幅卫星影像反复比对和测量，并同时利用地理信息系统对三江源区研究后，刘少创认定，长江的正源并非发源于格拉丹冬雪山姜古迪如冰川的沱沱河，而是发源于青海省玉树藏族自治州杂多县境内的当曲。2015年，中国地图出版社出版了《三江源头科学考察地图集》，在这本由青海省测绘地理信息局主编，并得到了青海省政府组织的专家委员会的评审的地图集中，首次将当曲称为长江正源。

天空风云变幻，快速移动的云团千姿百态。倏忽来去的雨、雪、雹、霰，不时会袭击我们这些远方来的造访者，令人无处躲藏，可明明几分钟前还是艳阳高照。行进在这样一片酷寒缺氧、气候无常、湖泊遍布、沼泽阻隔的冰雪群山间，想到那一代代锲而不舍的探源者，他们跋涉了千山万水，经受了漫漫旅途的饥寒，历尽了种种险恶，就会多出几分感叹和敬佩，即便在科技昌明的今天，要想到达并大致准确地测定一条河流的长度和源头，都是十分困难的。

长江的源头与入海口落差5400米，流域面积180万平方公里，仅仅一级支流就拥有700多条。交错的江河是大地纵横的掌纹，随意奔放而又曲折蜿蜒，岔流交错的辫状河是令人难以辨明方向的迷宫。更不用说由于气候变化与降水量的不同，每年冰川的积雪厚度、积雪化水的位置都是变化着的。这也导致用各种仪器所精确测定的，所谓的源头的位置，也处于变化之中，甚至在一天之中也是在变化的。

如果你爬上位于长江源头的姜根迪如冰川旁的大山上向远方眺望，会发现对面一条冰川的末端流出的河流，看上去似乎比姜根迪如冰川末端流出的河流还要长。

与此同时，河源也有着河的本质，那就是漫漶的、逐渐的、连续的、迂回曲折的，长江或黄河的"第一滴水"这个东西，似乎有些难以想象。

《中国国家地理》的主编单之蔷曾经设想，河流的源头如果不是找"点"，而是划"区"，是否更为合理？就是把江河源头的一大片区域划出来，在源区内寻找有标志性的，有美感的，有历史传统、宗教和人文意义的地方，将其定为源头。这样从地理学的角度说，长江源头就是一个比较宽阔的自然区域，它包括楚玛尔河、沱沱河、当曲的流域范围，面积在10万平方公里左右。

黄河源也是如此，它是黄河的诞生地，但并不是唯一的补给所在。黄河河源区四面环山，源区内古宗列曲、卡日曲、扎曲等溪流汇聚，东流经星宿海，过扎陵湖、鄂陵湖方出河源区。

实际上，我们的祖先就曾有过这样的领悟与升华：清代为了绘制地图，康熙皇帝多次派人到青藏高原考察长江源，面对江源地区如网似枝的河溪，考察人员在奏折中写下了这样的论断："江源如帚，分散甚阔。"于是，他们将源区的几大支流——布曲、尕尔曲、当曲、楚玛尔河都当作了长江的源头。

从探源角度说，澜沧江是三条江河中探源难度最大的，其上游支流众多，连长江、黄河都无法与之相比。从古至今，无数游客进出澜沧江，他们的足迹遍及整个澜沧江流域，但是很少有游客留下历史记录。如果说，我国对于长江、黄河的探源从汉唐时代就已经有意识地开始进行的话，那么对澜沧江探源活动是从近代才开始的。

1914年，甘肃天水人周希武曾在玉树进行了较长时间的考察。他遍历澜沧江及通天河中下游一带，深入考察玉树地区的山川风俗、形势要隘，其作品《玉树调查记》较为详细地记载了澜沧江的源头及周围水流情况。

国外许多探险家对澜沧江也有着浓厚的兴趣。从19世纪60年代到20世纪末，法、英、美等国地理学会先后派出十几支探险队进入中国，寻找湄公河（在中国境内称澜沧江）的源头。1866年，有6名法国人从炎热潮湿的越南的沼泽地开始，历时两年，行程跨越4000余公里，行进到中国西部这片酷寒缺氧、湖泊遍布的高原，面对一片片阻隔的冰雪群山，他们难以准确测定澜沧江的长度，也无法提供充分的证据以证明源头之所在，最终只能无功而返。

1994年9月，英国探险家米歇尔·佩塞尔与两名同伴从玉树出发，来到杂多县。在当地藏族同胞的引领下，佩塞尔来到扎曲南源萨日咯钦和加果空桑贡玛之间的垭口——把那里认作为澜沧江的源头。

1999年，曾有中国科考队进入澜沧江源区考察。中科院研究员刘少创将一面蓝色旗帜用石块压在冰川边上，这是他发现的澜沧江吉富山源头。从那以后，不断有一些科考队伍到澜沧江源区考察，对于澜沧江源的认识，已经越来越精细化了。

历史上对江河源的探讨，不断对几条大河在地图上修订长度、改变方向，对它们的形成演化过程、存在的价值和影响的研究不断深入，这些无疑都促进了人们对三江源地区地形、气候、土壤、植被、山川风物、河流气象、风土人情乃至政治、经济、文化等全方位的认识与了解。

就像我们今天仍在不懈地探索着宇宙的起源、人类的起源、文化的起源一样，山川间的地理、人文，被一代代人勘探并持续研究，包括对"江河致远"的探查，也早就成为对江河生命动力的不倦求索。在历史的山重水复间，他们义无反顾地踏上探寻江河之源的艰难旅途，构建出了不同凡响的层次和厚度。

在逐渐走向源头的同时，三江源的壮丽自然、万千景色，江河之畔的人情社会和生命寄托，也在不断进入人们的视野，引发别样的激情与想象。江河源头神奇的自然景观和生活在这片土地上游牧民顽强的生存信念，给他们留下了深刻的印象。雪山是源，江河是流，千山之上，留住了无数荡气回肠的往事。多年以后，当人间历经无数铸剑为犁、和平初始，复而剑拔弩张、兵戎相见的轮回，人们对源头求索的冲动依旧未改。长江、黄河与中华民族的诞生密不可分，对于江源、河源的崇拜与信仰，承载着越来越多的精神寄托，历经沧桑变迁，饮过多少英雄的血、难民的泪，改过多少次道、发过多少次泛滥，同时也在进行着从地理层面到精神层面的深化与升华；其所植根的土壤，不是别的，就是中华民族的精神世界。

河啊，河啊/我们民族最古老的传说/那关于天地起源
的传说/就是这样的
在靠近生存的地方/锤炼生活锤炼壮丽的忧患/沟通起

群山和先驱者的意义/河水滔滔惊醒黝暗的时间/阳光敲响

大地

骆一禾《河的传说》

遥远的探寻

黄河，黄河，出自昆仑山，远从蒙古地，流入长城关。

古来圣贤，生此河干，独立堤上，心思旷然。

长城外，河套边，黄沙白草无人烟。

思得十万兵，长驱西北边，饮马乌梁海，策马乌拉山。

誓不战胜终不还。君作铙吹，观我凯旋。

——《黄河歌》①

早在春秋战国时期，华夏先民就一直试图确定长江源头。

被张其昀视为"我国山岳地理之开创者"的徐霞客，在《溯江纪源》中谈道："江、河为南北二经流，以其特达于海也。而余邑正当大江入海之冲。邑以江名，亦以江之势，至此而大且尽也。"因时人以为"江源短而河源长"，徐霞客一直有"岂河之大更倍于江乎？"的疑问，并历经多年，重新考察。

徐霞客的最大贡献，在于"发现"或者说是"找到"了比岷江更长的正源大河——金沙江。《溯江记源》中明确指出："故推江源者，必当以金沙（江）为首。"徐霞客的《溯江记源》，除了为长江是中国"大川之最"正名外，更在于"溯江"行为本身所蕴含的意义。对长江历史与不同文化的求索，使得具有不

---

① 《黄河歌》，1904 年杨度作词，次年沈心工作曲，是当时一首影响较大的歌曲。

同名称的江段在不经意间，在文化地理意义上，"串"成一条大江；这种探寻正是对江河原有边界的拓展与延伸，也加快了江河沿岸人群及其文化的交融。

与此同时，对长江边界的主动探寻，除了自然地理上的探险，还意味着"边界"与"中心"的对话。"中原""华夏"等正统意象的地理标志物中，出现了新一轮的"南北交融"，或者说"重心南移"。从深层意义来看，探源代表了对中国陌生而遥远部分的探寻。在一种无可言说的直觉里，"寻源"成为塑造中华民族的原型力量。

长江，古称"江"，汉代称"大江"。"长江"一词最早出现于汉魏六朝的文献中。随着国家地理的开拓和科学技术发展，国人已对长江有了更为深入的认识，也对其名称的变异与地域的关联有了较为全面的了解。比如：

从江源至当曲口，长358公里，称"沱沱河"，这里崇山峻岭，百川蟠结，河道纵横交错，是为长江正源；当曲口至青海省玉树市巴塘河口，长813公里，称"通天河"。河流至此，开始变得浩浩渺渺，恣意横流。

巴塘河口至四川省宜宾市岷江口，长2308公里，称"金沙江"，江水裂巴蜀之群山，洋洋东下；岷江口至长江入海口，长2884公里（荆江裁弯取直后，缩短航程80公里，为2800余公里），通称"长江"。

在这其中又可分为：

宜宾至湖北省宜昌市，因长江大部分流经四川省境内，俗称川江，长1030公里；湖北省枝城至湖南省岳阳市城陵矶，因长江流经古荆州地区，俗称荆江；江苏省扬州、镇江附近及以下江段，因古有扬子津渡口，得名扬子江……长江各段名称和别名，有数十种之多。它既是分散的，也是整体的。

其实在明代以前，长江上、中、下游的民众之间，往来有限，作为整体贯通的"长江"尚不存在，也就是说还没有在世人风俗习惯中被建构出来。然而大江奔流，不断映射于早期探源者风雪弥漫的双眼，然后在社会先行者们的文化观念里发端，职业探险家、科学家、政府机构、长江水利委员会、黄河水利委员会、青海测绘局、形形色色流连于雪山冰川的旅人，再经由作家、艺术家的书写、演绎，终于塑造出一种根深蒂固的文化共同体。

个人可以见证历史，城市可以见证国家，长江可以见证民族。这条大江势尽东南，穷极大荒，"横断天下为二，吴其首也，皖赣项也，荆楚腹也，巴蜀尾也，天下英雄鞭策六合，宰割河山，必收长江以开伟略。而长江遂为用兵必争之地矣……"[1]其战略地缘价值无可比拟，由此更可领悟它在中国

---

[1] 金季鹤：《长江军事地理谈》，载《联益之友》，1927年，第42期。

历史上所具有的重大含义。长江动态地挺举着两千多年来的国家政治基础，稳固其本体性，这同时也是中国文化之所以能够海纳百川而本色不易、渐变发展而非大起大落的根本原因。

这个世界也确实需要有大量的河流连贯东西、沟通南北，给周围地区带来灌溉、交通、渔业等便利，促进经济的发展。随着认识者视野的开拓以及彼此间交往的展开，就连江河的治理也不再是一个地方性问题，自然的"长江"由千万条支流汇集而成，流经多个省份，跨过多个地区，分上中下游，若要江河安澜，只有放下身段，相互协作。

江河也推动了文化共同体的产生。文化的"长江"与世人的认知相关，在精神方面，沿岸居民容易产生一种合作与互动的心态，经受共同或类似的风雨考验，形成各民族间"你中有我，我中有你"的文化亲和，形成血肉深情的民族间的文化哲学，有共性的心理和思想由是生焉，完整意义上的"长江"也得以产生。

20世纪80年代轰动全国的"长漂"行为，为什么要顺长江流漂一次？按中国长漂人士的想法，"长江"的命名与书写过程，就是"沱沱河""通天河""金沙江""川江""荆江""扬子江"等各分段、支流被视为整体，再向"国家地理"转化升格的过程。在这个意义上讲，这也是"中华民族"一次情感融合的表述与宣示。后来的事实证明，长江的确是维系与凝聚民族情感的天然纽带，也使一个古老民族具有了无比强大的向心力。

在波涛滚滚的通天河畔，至今还有长漂壮士尧茂书的牺牲纪念碑。

1985年5月底，四川成都西南交通大学电教室摄影员尧茂书，带着"龙的传人"号皮筏艇以及一台16mm电影胶片摄影机、一台美能达相机、几十盘电影胶片，转道西宁、格尔木等地，最后搭乘货车、牲口等，于6月11日抵达长江源姜古迪如冰川，开始了他艰辛而壮烈的旅程。

在姜古迪如，尧茂书第一次看到了大江源头的冰川，融化的冰水滴滴汇合，最后变成溪流，变成纵横的河网。他被冰川的雄壮之美所震撼，在冰川中连拍数日，迟迟不愿离去。

6月20日下午4点多钟，尧茂书将写着"龙的传人号"的橡皮船推下了水。经过三天两夜的漂流，行程375公里，23日到达了长江源头第一个小村镇沱沱河沿。

7月16日，尧茂书的船漂过直门达。在玉树，他受到了一次高规格的接待。当地民众听说他的壮举后也蜂拥而来，向他致意。7月23日，尧茂书离开直门达，向金沙江进发。

行旅日益艰难，"房子那么大的水"迎面打来，洪流像褐色的被激怒的巨龙。融化的雪水透骨冰凉，为了赶时间，他不得不加班夜航。此外，漂流中还经常有意想不到的奇遇，除了恶劣的天气，还有令人毛骨悚然的食肉动物等。

7月24日，尧茂书在金沙江上游水急浪高的通珈峡翻船身亡。

藏民发现了江心石头上倒扣着的"龙的传人号"，还有散落的猎枪、相机、笔记、证件……"他漂到了坡度在9英尺的青藏高原边缘，落入落差60—100英尺、白浪滔天的水汽中，尸骨无存"（肯·沃伦语）。

这次载入史册的国家地理保卫战，发生在《话说长江》热播后的第三年。这是特定年代心灵史的景观。这种心灵景观，是一种行动中的思想方式，在这种思考中，漂流者与源头的河流已经处于一种无法分解的胶着状态。由于漂流者的行为，江河有了品质、意志、精神和灵魂，在它粗莽的世界里，开始搏动一种巨大的、令人感动又令人忌惮的新生命。

江河唤起了复苏与滋养的力量，呼应着人们对民族振兴的极度热情。"漂流长江这条东方巨龙，为什么不能由'龙的传人'首开序幕？"在尧茂书看来，他对长江的认同，显然已超出探险运动本身，而与民族自信、国家自尊相关。通过"河流想象"来建构一代人文化认同和国家认同的行为艺术，凝结了历史与民族的双重文化心理。河流成为流动的文化载体，串联起宽广无声的中国。

刚刚走出思想桎梏，强烈向往现代与开放的国人，也开始对中国古老的历史与文化有了新的领悟,江河的版图也依然在脚下激荡。告别混乱年代的一代人,正是通过对"国家的血脉"——河流的漫游,重建着对自我和"民族国家"新的认同。在孤注一掷的冒险与漫游里,民族国家具有了一种自然存在性,"江河"演变为博大、壮阔、汹涌不息的民族符号,而扑向江河的长漂者,也是在喷薄咆哮的河流中,重新找到了青春的力量。

寻源是一种思考与冲动,这种思考将"江(河)"纳入一个更为宏大的框架中,并且通过"中华民族母亲河"这样的命名,让上、中、下游各段的多元族群呈现为一体,政治上的民族国家和个人生活被有机地联系在一起,不论时光翻覆,版图有大小,人口有消长,民族有兴衰,政权有更替,但"同饮一江水"引领的民族认同,赋予了整个族群以紧密、同质而统一的共同情感。即使如三江源这样的边陲之地,虽然风情迥异于内陆,历代被视为"异域",却也能历千年却始终同处于族群交融的态势之下。寻源行动折射出中华民族接纳百川一般的凝聚力,和有若大江浩荡东去的生命活力。

淹没万物的滔滔洪流,充满着玄象和智性,是宇宙神秘的意志。江河一路吟咏着或欢快或低沉的歌调奔腾而去,那是中华民族最早的记忆、传说与民谣,那浊潮翻滚的回声,就是一代代人对中华民族历史记忆与文化命运的永恒追寻。

"河出昆仑"

共工触不周山，是一则浪漫的神话。不过神话也以一种质朴的直觉，点明了中国西北高原的地理特征。太古的高古和原始，在静谧的缄默里，在平衡与冲突中，实现着一个野性的世界。

高原之上，在各民族不同的远古神话与传说中，不约而同都出现了海洋的意象，这也许就是先民对于自然演进史的某种感应。人们在高耸的山岩间，常常会发现与来自海洋中的生物——贝壳——至今藏族人还将贝壳作为生活中的重要装饰品。

而几支大水系出于一个源区，更是全球罕见，是故，备受国内外地质学界、生物学界瞩目。

这片土地，呈现出的是人类文明前期，原始形态的大地。

1965年，曾有科学考察队在青藏高原的雪山上，发现了海洋岩石的成分，说明这里真的曾经是汪洋大海。

这片海洋，就是曾经的古地中海。

这片海域辽阔无垠，西藏、青海、云南、贵州的大部分，都曾在它的浩渺烟波之中。

这沧海桑田的变迁，当然不会是短期行为，虽然一切看上去都似无心为之。

在造化之神无比雄浑的力量推动之下，印度板块逐步向北漂移，与欧亚板块相接触，在两块大陆的碰撞挤压之下，开始抬升出一些惊心动魄的褶皱，高耸为地球之脊、之巅、之极，那即是青藏高原的高山、洼地和裂谷。

隆起的过程总共持续了近6000万年，虽然对宇宙而言，这不过是弹指一挥间，然而换个角度思考一下，人类在地球上存在的时间，也不过200多万年。可想而知，人类的先祖，也不曾与高原隆起、江河归源的那一刻，有过际会的幸运。

这种改天换地般的自然运动，将古地中海逼成浅海，世界最高峰珠穆朗玛峰倚天而成。

这是大自然最激越、最壮丽、最不可思议的行为艺术。无论用多少篇幅来叙述青藏高原，都难以言辞达意。同时，也让我们越来越清楚地意识到，青藏高原的演变对于全球变化研究的重要性。这种演变并非仅关乎一时一地自身区域环境的变化，而是如蝴蝶效应一般，对周边地区环境演化产生了强烈影响，甚至对全球环境都不可避免地产生着连锁效应。

每当人类渴望认识自身历史与文化发生、发展的历程，认识自然演化或变更的原因，人们会像领受天启神示一般，将目光投向冷峻的青藏高原。这里一直较少有人类活动干扰，气候与物种的演化大致反映着一个纯自然的过程，是研究全球变化的重要区域，是解开全球变化秘密的一把关键性钥匙。

这里是地球内部最强烈运动的直接结果之一，同时由于具有数以千米计纵深的河流切割，地层露出距今二三十亿年的太古代直至当下的第四纪全新世作垂直呈现，地质学家们声称打开地壳动力学的金钥匙，就在这片高原之上。大量独有的地理景观与现象，更是蕴含着我们至今尚未索解的神秘。

高原之上江河的发育和演进，必然也与青藏高原的构造运动息息相关。

伴随着青藏高原的隆起过程，断陷盆地抬升，从前断续切割的内流水系和湖泊开始连通贯注，泱泱大川的源头，开始缓缓示现。

历经数以千万年计的沧桑变迁，三江源有如一部巨著的初始篇章，封存于大高原的冰雪永冻层中。

最初汪洋大海，河渠陆续出现，松柏森林生长，禽鸟野

牲繁衍；江河源区位于天之中央，地之中心，世界之心脏，雪
山围绕一切河流之源头，山高土洁，地域美好；地分为上中
下三部：阿里三围麋鹿野兽洲，中部四茹虎豹猛兽洲，下部六
岗飞禽鸟类洲，后来人类出现……

马卧·祖拉陈瓦《贤者喜宴》

　　青藏公路像一条丝绸飘带，迤逦在缓缓起伏的黄绿色草
原上，来往车队络绎不绝。云絮云朵汇聚，晴空碧蓝如水，远
方的冰雪线上，升起纱样的烟云。轻度的高原反应带来了轻
微的幻觉，偶尔会觉得又回到了平原上。车绕着群山行进的时
候，每当转过山麓或山垭，觉得马上就会有村庄或行走的人影
出现。但永远是山与山的起承转合，沟壑交错，怪石嶙峋显露
其间。心中的村庄与实际上的无人山区不断重叠、交错着，前
一日见到的藏式建筑、古旧的围墙以及牛粪炉子烟囱留下的
影子出现在脑海里，有着一种发低烧似的东西在交织着、恍惚
着，似真似幻。
　　我知道，自己行进在青藏高原之上，晴空下的重山叠嶂高
昂着冰雪之冠，苍茫又庄严。如果从空中俯瞰，祁连山、昆仑
山、唐古拉山、冈底斯山和喜马拉雅山脉，由西向东，横亘在
青海和西藏全境。横断山系自北向南，纵贯西藏东部和四川、
云南两个地区。山脉纵横，把三江源区分割成了不同的地理单

元，每个地理单元之间，不仅有高度差异极大的山峰，还有盆地、湖泊和沼泽。在终年积雪、冰川剔透的某个地方，就发源着流淌千里江山、灌溉万里疆土的大江大河。

适宜农业种植与族群繁衍的平原腹地，在它背后，一定要有高耸连绵的群山，由高至低，供应生生不息的水源。三江源，就是一个群山的世界。高高耸立在地平线上的山峦壮阔辽远，阳光下闪射出玄色光辉，就如同一声血性的呐喊。"经历着一个瞬间的生命力的阻滞，而立刻继之以生命力的因而更加强烈的喷射，崇高的感觉产生了。"① 康德认为人类可以从群山中产生崇高观念，产生对神话与形而上的向往。

在华夏民族代代相传的想象里，有两个神仙居所，一个是以昆仑为代表的神山，在神山中有黄河的源头；一个是由仙人、方士御风而游的五大神山，那是黄河以及百川最终流归的地方。这两个仙乡，都处于云雾缭绕的群山之上。

在遥远的时代，人们最初对河源的追寻，是从对西方仙乡的寻觅开始的。"周穆王时，西极之国有化人来，入水火，贯金石，反山川，移城邑，乘虚不坠，触石不碍，千变万化，不可穷极……穆王敬之若神，事之若君……"② "西极"之"化人"带

---

① 〔德〕康德著，宗白华译《判断力批判》（上卷），商务印书馆1964年版，第83页。
② 杨伯峻《列子集释》，中华书局1979年版，第90—91页。

江河之上
三江源的历史与地理

来见所未见、闻所未闻的新奇，吸引厌倦了世俗争斗的周穆王进行了一次西巡之旅，他亲率七萃之士，驾八骏之乘，以柏夭为先导，造父为御者，壮行万里，奔向昆仑这个传说中众神所居的圣地。

《博物志》卷一：

> 地祇之位起形高大者有昆仑山，广万里，高万一千里，神物之所生、圣人仙人之所集也。出五色云气、五色流水，其白水南流入中国，名曰河也。其山中应于天，最居中，八十城布绕之，中国东南隅，居其一分，是好城也。

《山海经·海内西经》亦称：

> 海内昆仑之墟，在西北，帝之下都。昆仑之墟，方八百里，高万仞。上有木禾，长五寻，大五围。面有九井，以玉为槛。面有九门，门有开明兽守之。百神之所在。在八隅之岩，赤水之际，非仁羿莫能上冈之岩。

既然是"帝之下都""百神之所在"，其山当然不仅仅是高大而已，"其下有弱水之渊环之，其外有炎火之山，投物辄然"，"其光熊熊，其气魂魂"。山中奇花异木毕见，神禽怪兽出没，由神兽陆吾守之。

昆仑神山的主宰，正是大名鼎鼎的西王母，"戴胜，虎齿，有豹尾，穴处"。其所居之地，山水明秀，奇花异草，芬芳四溢，引人入胜，大概在战国时期，西王母就演变成了长生不老之女神。然而，因为神山的艰险莫测，凡人难以接近。《山海经》《穆天子传》所载的西王母与穆天子相会之时，居然能像汉地知识分子那样赋诗。凡夫俗子永远可望而不可即的昆仑神山，负载了不同历史分期的地理知识和文化想象。还有诛杀怪兽的后羿、督管稻谷的后稷等，也被认为出于昆仑。

缭绕的云雾，无垠的群山，珍禽异兽无数，高绝神秘的氛围，以至在历代的诗赋中，昆仑山的神话分量越来越重，"昆仑之山有铜柱焉，其高入天，所谓天柱也"（《神异经·中荒经》）。倚天之柱，自然也是天下的中心，是连接苍穹和人间的地方，可能就是共工与颛顼大战中被撞倒的不周山。

除共工怒触不周山之外，女娲造人、女娲炼石补天、羿射九日、夸父追日、造父驭车等神话原型，也多与昆仑文化体系有关。在中国古人看来，昆仑还是太阳落山后的居所，也就意味着死亡与寂灭。不过，如果能够登上昆仑，情况又大不相同，次者可以长寿，中者可以成仙，上者可以成神。昆仑山体本就具有"宣气""散生万物"的功能，又藏有长生不死之药，服之可以了却生死，嫦娥奔月的神话，就是由此而来。这些神话，同时也是人

们对江河源地带最初的遥望与想象，包含了早期农业社会向西部拓展的信息。

昆仑山丰富的自然资源，从周代甚至更早时期便为人所知[①]。源自昆仑的宝石与矿产颇有盛名，是达官贵人专属的配饰与馈赠。他们还用昆仑玉制作用于祭祀仪式的各种器皿。在他们的观念里，如果死后有昆仑玉器陪葬，则可保全魂魄不散，甚至躯体也能长久保存。昆仑之玉如西王母的长生不死药一样，象征着永恒。除此之外，还有珍石、金属、动物皮毛、骏马、骆驼、药材，从战国末期开始，就名扬中原乃至海外。

昆仑神话发源于黄河源头，即黄河上游、湟水流域、大通河流域，也就是河湟文化地区，其故事原型多与昆仑山系、黄河、青海湖的变迁密切相关。昆仑山及其周边地区划分了中国西部的边界，人们想象着昆仑另一边未知世界的神秘莫测。就江河的自然存在而言，在江河的源头之处，人们一般都会建构出某种与神圣性密切相关的观念。明末，玉虚峰下的玉虚宫还曾是道教混元派（昆仑派）的道场。仅在道教典籍《云笈七签》中，就有百余处与昆仑文化有关。例如，"公元龟山九灵真仙母青金丹皇君曰：昆仑山有九灵之馆，又有金丹流云之宫，

[①] 汉武帝钦定于阗南山（今昆仑山其中一脉）为神话传说中的"昆仑"，然此说遭到当时及后世众多学者驳斥。作者于此处姑且采用"昆仑"为"于阗南山"说。——编者注

上接璇玑之轮,下在太空之中,乃王母之所治也。公元龟山在昆仑之西,太帝玉妃之所在。"

佛教亦与昆仑文化意象相关联,如《五灯会元》中,有僧问:"如何是佛?"池州鲁祖山教禅师答:"水出高原。"问:"如何是南源境?"答:"黄河九曲,水出昆仑。"另据《佛说兴起行经》记载:"所谓昆仑山者,则阎浮利地之中心也。山皆宝石,周匝有五百窟。窟皆黄金。常五百罗汉居之。"

昆仑山作为河源,很大程度上是神话象征意义上的,是一种幻想的人文地理概念,本身也寄托着古人对西部高原上人与自然关系的一种想象。昆仑信仰从产生之日起,就与神话有着千丝万缕的联系,仿佛语义同源,仿佛是出于天然的母体。这当然是跟它自身所处的地理位置有着极为密切的关联。这是一座灵魂不死的神山。

只有高峻之地才能形成冰川,才能留存住足够的水分。"孟冬之月,水始冰,地始冻。仲冬之月,冰益坚,地始坼"(《礼记·月令》)。唐玄奘取经路遇雪山冰川,在《大慈恩寺三藏法师传》中,描述极为生动:"其山险峭,峻极于天,自开辟以来,冰雪所覆,积而为凌,春夏不解。"有高山才有冰霜雪水,严寒使得冰川大规模发育。

作为一片较早脱海成陆的高原,三江源已被时间的风雨塑造成圆润的形态。当高山的积雪融化,或形成降雨,这些金贵的水源，会给严酷环境下的自然万物带来生机。积水沿着山麓流淌，形成一定的走向，在平坦之地又会流淌成各种支流。到了夏季，从高山上流淌下来的雪水和雨水，挟带着山体表层的营养成分，一路灌溉着山下良田——只要人们愿意，其实寒旱草原也可以生长出自然高产的庄稼。

《山海经·北山经》曰："又九三百二十里曰敦薨之山。其上多棕柟，其下多茈草。敦薨之水出焉，而西流注于泑泽。出于昆仑之东北隅，实惟河源。其中多赤鲑，其兽多兕、旄牛，其鸟多鹍鸠。"（山上长有很多棕树和楠树，坡上长满很多紫色的草。敦薨水从这座山流出后，向西流入泑泽。敦薨水流经昆仑山的东北角，实际上它是黄河的源头。山上的野兽大多是犀牛和牦牛，鸟类主要是鹍鸠。）这是较早记录河源出处的文献，将河源定位于昆仑山脚下，奠定了后人对河源认识的基础。我们可以想见那时的河源地，林木荗郁、水草丰美、宜于渔猎。

有《山海经》的研究者指出，中国古代世界里对于世界的勾画，完全不是靠画出经纬线来实现，如果去确定山的地理位置，主要是依赖于水道的系统，即山的走向与水道之间有着一种平行关系[①]。还有古史学家有过这样的论断：

陕、甘之水大致可称为东西流，故《西山经》之山，均

---

① 张春生：《山海经研究》，上海社会科学院出版社 2007 年版，第 29 页。

自东向西数之。陕、晋之间，黄河南北流，故《北山经》之山，均从南向北数之。河水在冀、兖之间又东北流，故《北山经》亦有向东北，或向东数者。依此类推，更可证各经之条理秩然也。[①]

这种空间认识当然是不准确的，我们可以说是上古思维的局限，但是，我们似乎也没有必要做出断然的批评。《山海经》中所列水名近400条，其中"河"指黄河，"江"指长江，为专有之名，其他以"水"称之，如洛水、沣水等，今日依旧未改其名。但总而言之，《山海经》虽不是写实的，但它是揭开中华民族集体无意识的一个特殊文本，蕴藏着华夏民族最为始源的记忆与想象。《山海经》中的水，往往都会与山同在一条目中，居住地有山必有水，山水相连而成一聚落，并有大片沼泽、湖泊之地，古称之为山泽，由此加上动植物而成为图腾氏族居住地的基本条件。这是古老民族的秘密图景：山、水、动植物、图腾氏族，像一个久远的民族之梦。

文化常常与大江大河联姻。与此同时，山和水也必然是联系在一起的。中国的画家很早便有了这样一种文化自觉，在他们分外敏锐的视觉里，山水是浑然一体的。即使在广阔的沿江平原和

---

① 徐旭生：《读〈山海经〉札记》，《中国古史的传说时代》，广西师范大学出版社2003年版，第343页。

江河之上
三江源的历史与地理

湖滨平原, 亦有森秀竦插、有超然远举之致的山水画作, 面对它们, 你大概很难去想, 这些和现代所谓水电站之间会有什么直接的联系, 那时的画家所追求的, 甚至不是涵养宗教的洞天福地、风土吉壤。"云无心而出岫", 江有志而远奔, 这份持重和静谧, 就说明了一切。所以在他们的构图之中, 在春花凋谢、梅子熟时的山间, 山川总是那样空寂幽静, 自由自在。

　　所以三江源的江河与山川, 也并非简单地可以用某种"生态文明"的概念去加以概括。固然, 河流给人饮水舟楫的便利, 促进农业、商业发展与繁荣; 然而, 对于人而言, 江河还有更为重要的意义, 那就是为人提供了一种可作观照的现实对象, 使人产生某种神性的观念。这种观念关乎人的本质, 关乎拯救与救赎, 而不是单纯的资源、生态保护与经济发展的关联。如玛丽·奥斯汀所说:

　　　　人类不仅仅是他自身……还是他所看见的全部。从来源流向他的一切, 有的被部分注意到, 有的全然不被注意。他是大地, 是山脉的高度, 山谷的范围; 他是季节交替的节奏, 是植物样式的退化和变异。

　　　　　　　　　　　　　　　　　　《少雨的土地》

青海长云暗雪山

黑色的大地是我用身体量过来的，白色的云彩是我用手指数过来的
陡峭的山崖我像爬梯子一样攀上，平坦的草原我像翻经书一样掀过

——藏族民歌

格拉丹冬，藏语意为"矛尖神山"，此名非常贴切，格拉丹东角锋直插蓝天，山形陡峭，有一种睥睨天下的气概。主峰高达6620米，壮丽威严，是长江源头地区主要的神山。格拉丹冬同时是长江源区最大的雪山群，超过6000米的山峰就有20多座。格拉丹冬被50多条山岳冰川所簇拥，冰塔林玉树临风，银光耀目，不息的冰川融水昼夜喧响，又是唐古拉山脉最大的冰川中心。

格拉丹冬雪峰的冰川形状奇特，有的像冰塔林，有的像硕大的水晶挂件，另外还有像冰芽、冰蘑菇、冰钟乳、冰舌、冰湖、冰沟等，一切都是随意的，一切又都是精雕细琢的。所有这冰塔林的奇观，你都能在人世间找到相应的景物。格拉丹东西南侧的姜古迪如冰川，长江就是从这里轻装出发，终于水静流深，波澜壮阔，让冰清玉洁的雪山之水横贯中国，走过6380公里行程，最终东流入海，沿途它汇集了各路水流，愈发浩

荡。与北方同源于青藏母腹的黄河一起，千万年来养育着华夏民族的生命和灵魂。

念青唐古拉山、唐古拉山、昆仑—喀喇昆仑山、祁连山等几大山系，均呈东西向排列，阿尼玛卿山、巴颜喀拉山等，这些高峻的大山脉虽然同处三江源区，但它们形态各异、千差万别，或高拔，或险峻，或磅礴，或逶迤，在牧民的认知中，它们有着无数生动的前尘往事。在望不见的细微处，是纵贯高山上下、呈垂直分布的自然带景致，是峡谷中郁闭的原始森林，覆盖着红杜鹃和绿草地的山原坡地，还有山梁河谷中星散的少量村落。冰山、雪峰、岩石、湖泊、草甸、沼泽……不同的地质面貌，折射着不同的喜怒哀乐。

阿尼玛卿山位于青藏高原的东北缘、黄河源区，是昆仑山脉中支的最东段，山脉呈西北—东南走向，终年积雪，傲踞群山之巅，极为雄伟。黄河在果洛流经玛多县、玛沁县等五县，遇阿尼玛卿雪山急转南下，过达日县又转向东流，经玛曲县折向西北。

在阿尼玛卿气势磅礴的山体上，密布着40多条粗壮的冰川，其中4条分别发育了西柯河、东柯河、格曲、切木曲、曲什安河5条溪流，构成了黄河上游最主要的水源。阿尼玛卿的冰川约为黄河源区冰川的90%，而黄河源区水量能占黄河的40%以上，所以阿尼玛卿作为黄河源头最大的雪山，称它为黄河源区天然水库也不为过。

作为江河之源，"阿尼玛卿山下泉水如树叶一样繁多"（毗卢遮那），滋养着万顷草原。在这一地带，曾经栖息着野牦牛、香獐、雪豹、旱獭、猞猁、红狐、羚羊、棕熊、岩羊、野驴等数十种动物，野生禽类有雪鸡、蓝马鸡、鹰、雕等数十种。据说几十年前，每到夏季，斑头雁、黑颈鹤、赤麻鸭等成群结队迁徙至此，繁衍后代。

连绵起伏的系列山脉，是别样的大地构造，或高耸触天，或缓和起伏，构成了高原外形。凸现在蔚蓝色天空下的一座座晶莹的雪峰，向人们显示出一道道不可逾越的天然屏障。世代生活在高原的民族，生于高谷中，游牧于山峦间，目睹群山的绵亘不绝，感受群山发出的种种信息，体验着与群山交流的乐趣，也感恩于群山对他们的卫护。

佛经《俱舍论》中提到，从印度一直往北走，要经过九座山，其中有一座是"大雪山"，据传佛祖释迦牟尼在世时，守护十万之神，诸菩萨、天神、人、阿修罗等统统云集在大雪山周围。这座"大雪山"，就是冈底斯山的主峰冈仁波齐峰。在格萨尔史诗中大型烟祭之时，风马扬撒，飞满天空。风马隐喻为疾走、顺利前进、快速和谐、兴盛之意。在煨桑及祭祀山神时，人们绕煨桑台和玛尼堆右旋，神灵也会在青烟里悄然下界，引渡迷途的生命。

山养育着牧民，山也是捉摸不透、认识不清的神秘所在，所以，高山崇拜是高原藏人首先产生的崇神观念。安多县的牧民说，人要是开几次刀，肯定伤元气，地被开挖很多次，也会伤元气。过去看着野生动物奔跑都有劲儿，现在看着没以前那么精神了。

雪山情结是对神灵的崇拜敬畏，也代代相传着慈悲的信念。民间宗教的日常仪式，似乎更靠近一种生活习俗。再平常不过的琐碎仪式深深嵌印在他们的生命历程与思想深处，似乎是与生俱来。如今，藏区多地都有传统的转山会。转山这项已经存在了数百年的敬神之旅，正被现代人赋予更多的新的含义，高寒高海拔所暗示的艰苦跋涉过程，逐渐进阶成为旅人们借以亲近自然的最佳选择，亦可说是都市文明致敬自然传统的一个象征。

作为三江源地区享有威望的神山，阿尼玛卿神山蕴藏更加丰富的神灵体系，有着更为纷繁复杂的象征符号，包含着多层次、立体化的佛教构建，圣地修行者、圣人圣迹、各种传说附着其上。当地牧人虔诚朝拜阿尼玛卿雪山，因为它不仅是千山之宗、万水之源，还是传说中格萨尔王的寄魂之处，人们小心翼翼呵护黄河源头的鄂陵湖、扎陵湖，那是传说中岭国百姓的寄魂湖。在果洛城外有一座神山和几十公里外的阿尼玛卿雪山遥遥相对，传说是格萨尔王妃子的寄魂山，她每天早上都要给格萨尔献上一条哈达。

阿尼玛卿山朝圣徒步需要7天时间，磕长头则需要一个多月，朝圣者包括当地牧民、外地人（周边藏区的牧民、宗教专业人士以及内地和西方的宗教信徒等）。在转山途中，男女老少口诵《平安经》《度母经》，一路撒风马，有人一步一朝拜，借以获得有加持效果的神奇力量。有时还要煨桑，让青烟飘荡在山间，既清洁环境，也有慰安山神之意，因为神山有嗅觉。

朝阳初上时分，阳光渐渐强烈起来，烟云渐渐消散，起伏有致的草原在眼前铺展。高高飘扬的经幡和堆起的玛尼石，倒影在清洌的流水中，呈现出徘徊荡漾、时分时合的景象；宽浅的谷地里，辫状水系渐渐消逝在我们的视野中。玛卿山体厚厚的积雪，吸掉了太阳强烈的热度，一种清透的冰冷，似乎昭示着信仰的纯洁。

还有嘎觉悟神山，位于青海玉树州称多县尕朵乡。嘎觉悟神山由主峰以及周围28座山峰组成，它们的海拔均在5000米以上。这座神山的附近，仍保留着非常传统的康巴歌舞、故事传说和赛马会，这里的婚俗仪式完全土生土长，是千百年来民间自然传承的，没有受现代生活方式的影响，这也给峻严的山体涂上了一层人文的暖色。亦可见在相对静止的社会环境中，一种传之久远的传统就更有可能不受扰动地沿袭下来。

藏传佛教信徒的朝圣，就是指信徒带着各自的愿望，围绕心中的圣地如神山、圣湖、寺院佛塔、玛尼堆等，按照相对固定的宗教仪规形式，沿顺时针方向绕行，以实现自我与神、佛、灵魂沟通的目的的过程，同时也是对天地人神、对藏地山水树立敬仰的过程。

转山，又仿佛是一次颇有意趣的行禅，一路都有各种历史背景的石刻经文，聆听着高原的经声与佛号，全神贯注于行路，人在行走，意识也在流动，万事万物都在远去，走在无数代人已走过、还将有许多代人要走来的山道上，内心渐渐趋于静寂，步行的节奏、频率、意念、快感……鸟鸣与人声的断续，增加了转山韵致，滤去了脑子里的纷扰，心境在平和中变得空明，有如走向佛家最高境界的涅槃。

如果说叩长头是藏民对佛的虔诚，转山同样是对孕育他们民族的大自然最崇高之赞礼。在当地过去的传统观念中，转神山一圈，可以洗涤人的罪恶；转十圈，可以在生死五道轮回中免受地狱之苦；转百圈，今生有望成佛。甚至如在转山中死去，会被认为是一种造化。因此转绕神山的朝圣者总是连年不断。不同的朝圣者又都有着各自的转山方式，大致分为两类，一是绕山行走，二是对神山行全礼叩拜，即五体投地式。

在三江源腹地，如果你能吃苦，爬到一座山的山顶或垭口，往往能看到无比惊艳的高山湖泊景观。群山高大巍峨又离人最近，无形间增加了宗教的亲和力，人们常将山赋予无比的威力和无上的地位，并构架出庞大繁复的神灵系统。凡宇宙万物都有其灵魂，高峻的山体，除了可以满足对高度的崇拜外，在认识、体验、记忆世界里，还使人有了神山可以沟通、联系天上与人间的联想，在不少神话传说中，都有吐蕃第一代赞普沿神山这条"天绳"降落地面的记载。神山令我们看到了宗教来自人间的痕迹，看到了人的真实情感与宇宙伦理的奇妙对接。

在辽阔的三江源大地上，行走在任何一个地方，目力所及的便是皑皑雪峰，我们经常可以看到高高飘扬的经幡和堆起的玛尼石，有当地人经过时，多会对其顶礼膜拜，口中念念有词地虔敬祷颂。在当地人看来，不同的山，山神不尽相同，并且各自拥有自己的管辖范围。它们大多有自己的名字，附丽着种种动人离奇的传说，很多神山圣湖都能行走，是有着人类世俗感情、有独特性格、气质的神灵。牧民普遍认为捕鱼会造成湖水面积缩小，有时会听到湖中有鸣鼓的声音，藏民确信那是湖里的神灵发出的鸣叫。

大部分神山为男性，它们常与神湖结成配偶关系，仿佛俗世生活的翻版。如念青唐古拉神山的妻子是玛旁雍措湖。无论是雪山还是古道，藏民相信万物有灵，山川河流都是神的化身。格拉丹东雪山和雀莫措湖（名叫雀莫措加）也是夫妇俩，他们的儿子是雀莫山旁的一座黑色小山头，叫"角布"，意为"小儿子"。藏民都知道哪一座山与哪一座山是夫妻，哪一座山又是儿女，并常为此舒心或感怀地长时间遥望。再险峻的高山，在这里都不是烟涛微茫的世外神山，不是高人韵士幻想的世外桃源，而是有着烟火气的，还关乎日常生计。听老年牧民说，格拉丹东雪山旁边还有一座"牛奶山"，以前牛在那里吃一夜草，第二天牛奶不用人挤，自己就会流出。此山土地非常肥沃，但后来地下水晶矿被挖出后，牛再怎么吃草也不像以前那样产奶丰富，膘也不好好长了。

人在行旅，其实感觉一直在转山，可以想见"青海长云暗雪山""风吹满地石乱走"的意味，让人恍然置身边塞诗中，感觉身后就是风卷云飞、云蒸霞蔚的场景。那是一种奇异的感觉，像思想绕到它的对面，像你所熟知的文明绕到它的另一面。放眼望去，远处的雪山如同可望不可即的存在，总是那么遥远，世界在无限展开。人在高原，天际扩张，地平线总不可见。绰约云影中，雪山的白色光芒让人不自觉深自收敛，眼前的景色，不像一般人所想象的荒凉和单调，山与湖似一片永恒的光，静美无边，又不时变化，延伸到微茫之处，终于融为一体。

"水不发昆仑，不能扬洪流"。昆仑山蕴含着民族神话的起源、记忆、离散、战争、苦难、历史性时刻以及先驱者的轨迹，并在江河激荡的声浪里，启示着某种万年如斯的永恒况味。三江源的群山苍莽无边，逶迤壮丽，昭示着宇宙变化的巨大能量，述说着沧海变迁的悠悠岁月，是人类与神相见的永恒。记忆，是喻示着丰沛与繁茂、寂灭与重生的启示性图景。

第二章　大草原一年一度青绿

江河之上
三江源的历史与地理

乡土经验

穿过西宁上空的晓雾，缓缓推移的大地，一点点把峰岭相连的银色山峦展现在眼前。举目便是高山，视野中除了大荒凉，就是冰峰雪域的大宁静。

这是号称雪域高原"边陲锁钥"的玉树州，位于康巴地区，而且比较鲜明地显示出康巴地区的民族特点。从地理上看，这里位于青藏高原向云贵高原过渡的地带，山岳纵横、峡谷深邃，激流遍布，深峡大河分割出多民族定居点，先天有着成为"民族走廊"的优越条件。

玉树是三江源的核心区域，海拔5000米以上的山峰多达2000多座，境内东西昆仑山及其支脉巴颜喀拉山屹立于北，可可西里山、祖尔肯山屏障在西，唐古拉山绵延于境南。这里是"名山之宗、牦牛之地、歌舞之乡"，是大山之源、冰雪之源、江河之源，真是一片"牵一发而动全身"的土地。此外，还有文成公主庙、桑周寺、世界上最大的玛尼石堆——新寨加纳玛尼石经城，以及达那寺、格萨尔王三十古塔等重点文物保护单位。同时，有着藏区博大精深的藏传佛教和多姿多彩的民族风情等，如玉树土风歌舞、玉树赛马会、玉树藏族服饰等国家级非物质文化遗产。

玉树州府所在地结古镇，位于青、藏、川三地交界处。几条大河正好在这里集结，又从这里各奔前程。在只有依靠河流为指向的漫长岁月里，人们也是沿着各条支流到这里汇结，所以形成了较大规模的集镇。民国初年，川西每年发送大量茶叶到结古，然后再由结古驮至拉萨，或者在青海南部蒙藏族聚居地销售。成批的服装、丝麻、首饰、器皿、农具、食盐，被商旅们的牛车驮载着，从雪线下穿过。那一时期的玉树商业兴旺发达，充满活力。结古镇有商号200多家，经营的货物中还有从印度经拉萨转运而来的英国、德国货。逼仄的街道上，很早就有了鳞次栉比的饭店、旅店。

在结古镇，扎曲河静静地穿过群山，由西流下，巴塘河从南而来，这两条河流交汇后东流约30公里，涌入长江的源头通天河。通天河是中原及青海北部通往青海南部和西藏的天险要途。军政官吏、胡商贩客、僧侣信徒……无数的征夫、行者、梦想家和断肠人，来来往往的是文化的传播与交流，货物的转运和买卖，一并流转在这喧嚣又高寒的关口。过往通天河冬天靠冰桥，夏天则用羊皮筏子。称多县拉布乡兰达渡口，是通天河上的古渡口，如今还能找到当年叠石而成的古码头遗迹。这里较为完好地保留了自然和人文的原风景，尽管几十年来的世事变迁较之以往的千百年来更为剧烈，但就总体而言，外来人到这里，更能轻易感受到人类原初的精神，和西域气息强烈的感染力。

在扎曲河的上游，牧民们世代都在河两岸的沟谷中放牧，过着自给自足的生活。独特的地理环境，决定了三江源的游牧文化形态。

玉树牧民在性格上更多地融合了藏羌民族的特点：直率、忠诚、强悍。在形貌上当地人眼窝深，五官轮廓感强，肩膀宽，喜欢留长发，常在头顶盘起，或是扎一条粗壮的大辫子，看上去洒脱强悍。牧民给人的感觉会更粗线条一些，动作幅度较大，看上去又稍慢半拍，可能与牧区生活节奏缓慢、地广人稀有关。在大自然的庇护下，在缓慢流逝的岁月里，在与自然的交流对话中，玉树牧民的日子显得平缓而悠远，人们的生活稳定而安详。

三江源地区的传统生活，说来简单。祖祖辈辈生活在草原上，男人一般在外放牧，女人要干的活是早起挤奶、晒牛粪、打酥油、编羊毛绳、磨糌粑、晒奶酪，老人和孩子也要劳作，帮着宰牛羊、灌肠子、鞣皮子、缝制皮袍、给牲畜喂药等。后来采集业成为牧民的一项重要副业,玉树的冬虫夏草、贝母以及各种药材的贸易成为当地很多牧民的主要收入来源,很多家庭不再自己放牧,而是雇人来放。

他们的食物朴实无华,除肉类外,不外乎糌粑、清茶,有一种诚心诚意的生活理念在里面,舀一瓢清水,放一块金黄的酥油,浸泡入清香的砖茶,再洒上一点盐。糌粑的营养价值很高,早餐吃了糌粑后,一天都不会觉得饥饿。至于衣物,早些年间,一件光杆皮袍足可以穿用好多年。这是他们怡然自得的生活状态。天地的广阔和自然的平衡练就了他们豁达、平和的性格。厚厚的帐房把风暴隔绝于外,草原隔离了尘世的喧嚣,青稞酒把草原上最严酷的自然变成乐园。

然而由于自然和人为因素的共同作用,20世纪80年代之后,三江源局部地区生态有退化趋势,冰川退缩、草场退化、湖泊干涸、湿地萎缩、土地沙化、水土流失、河流水量减少,鼠害肆虐。从事牧业生活的自然环境也迅速恶化,辽远的高原牧区,也面临着无声而剧烈的改变。

更大的改变是2010年突如其来的玉树地震,原来恬静的生活瞬间被打破,玉树和三江源一下进入国人视野,从灾后重建到自然保护,受到越来越多的关怀与重视。

三江源国家级自然保护区于2003年正式建立。三江源生态恢复的目标,是采取生态移民、围栏封育、毒杀鼠兔和人工降雨等措施，逆转草地退化的趋势，大量牧民搬迁到城镇周边的定居点，这是生活方式的根本性改变。"毡房为室，畜粪为薪，迁徙鸟举，鹜逐水草"的场景，随着现代性社会的铺展，彻底淡出了人们的视野。

青藏高原独特的地理环境与脆弱的生态环境是一种客观存在。做为一个外来者，对三江源的感受与体验不是像本地人那样天然地融为一体，而是经历了一个由表及里、由浅入深的过程。我知道，并非是游牧行为本身无法存在，而是游牧文化的基础和组织形式、价值观念等与草原生态系统唇齿相依的文化已被打破，游牧生活也就永久地成为了历史。

那些年导致黄河源头断流的原因，除了气候变化外，捕鱼、挖金等经济行为，以及源头草场过度放牧都难辞其咎。目前气候问题是全球性问题，挖金、捕鱼等行为已经成为历史。在上游禁牧或减少放牧，成为生态恢复的重点。

有老牧民对我说，30年来，他们的确亲眼看到、亲身体会到这里草场的退化。在考察中我们常常可以看到，有一些地区山坡的草皮层有剥落的迹象，露出底层的黑色土壤，也有开始沙化的地方，遭过度啃食和践踏的草皮被鼠、兔翻开一个个洞，黑色的土被翻到表面。杨勇以前和我说过，有些草地即使看起来长势很好，但如果草根处有连片的裂块土，就是荒漠化令人忧心的开端。

但源头生态被破坏的原因是多元的，比如草场退化，就有一个重要的原因：冻土层下降。从前冻土层埋深在1米左右，现在，据当地居民讲，他们在盖房用土挖山时，要挖到2米左右才见冻土层。冻土层变深，意味着涵养水分的能力下降，这对于草原来说，确实是不祥之兆。

所以草场的问题不在放牧，有观点认为，一定程度的牲畜啃食和践踏，可以加速物质的循环、促进草的代偿性生长，粪便和尿液能为整个生态系统带来必不可少的养分。如果认为家畜与草原长期协同进化，那么管理措施就不是禁牧，而是调整放牧的方式和强度。

那么，长期禁牧可能反而不利于草场恢复？

普通人要想凭肉眼辨别出某片草场退化与否、程度如何、该采取什么应对措施，是非常困难的。不过照常理来说，草地本身是一个可更新的资源，如果管理有序，一定的草场能够养活一定的牲畜，也就能够养活一定的牧民。从对草场资源的利用看，以前还有生态学家对三江源地区草场资源研究后认为：同一块草地上，单纯养一种家畜，牧草利用率低，浪费大。实行牛、羊、马等混合放牧，就能收到较好的效益。

比如朱鹮习惯甚至依赖人工稻作系统生存，如果禁止传统农耕生产，反而可能导致其灭绝，这正是日本朱鹮灭绝的重要原因之一。而中国的朱鹮能够从原来仅剩下的7只发展到现在野外种群近2000只，正是准确领悟了真正的人地关系，并做出了相应的制度安排。

禁牧是为了保护草场，如果牧场空出来，野生动物却不受限制地增长，最终可能又破坏了草场。比如说藏野驴，这种动物奔跑速度快，食量大，还专挑牧草好的地方啃食。加上鹿、藏原羚，有时一个县的大型食草动物就能达到20万头以上，远超全县的牲畜量，草地载畜压力不断增大。

科学不是万能的，自然中永远蕴藏着更多的未知与矛盾。对于三江源上的草甸和草场，如何评估其退化程度，甚至采取何种生态学理论作为基础，实在难以有权威的定论。草原与农田不同，充满了不稳定性和不确定性。用一种稳定的、相对比较平衡的生态系统的经验与眼光，来判断和测定草原的载畜量，很容易做出错误的决策。

对于草场的状况，牧民有一系列评估方法：草的种类、高矮、质量和返青的时间、花的多少、土壤的肥力、野生动物的数量、牦牛的体型大小、奶的质量、空胎率、春季的死亡率、疾病等等，都是评估指标。

还有牧民说，牛羊的尿液淋湿草地以后，对草原有保护作用，草会长得很好。我们搬迁以后，那边保护了环境，草长得非常好，但没有牛羊有什么用？农村的田地每年要翻地，草原也一样，牛羊需要吃掉当年的草。就像田地里长出来的东西当年不挖掉不行，草原也一样，每年草坏了以后，也有可能第二年草长不出来，上面的草就压住下面的草。这也是老牧民一辈子待在草原上的经验之谈。

有一段时间，为了治理草原上泛滥的鼠患，三江源很多地区在鼠、兔洞口投放剧毒。这个干预措施似乎没有让鼠、兔数量明显下降，反倒产生了一个令人意想不到的后果：鼠、兔的天敌老鹰反而越来越少。后来人们想出新的办法，每隔一段距离就竖起一根电线杆，上面没有电线。这是管理部门为鹰和猎隼提供打尖与栖息地点的鹰架。这个办法要好得多，鹰隼一多，鼠兔数量也随之下降。

就如萧伯纳所说："科学始终是不公道的，如果它不提出十个问题，也就永远不能解决一个问题"；科学与"乡土知识"总会发生碰撞。考虑到牧民较低的受教育水平及科学素养，他们的论述可以作为研究的线索，但不一定作为论述的依据。评判草场退化的原因，仍然需要依托严谨广泛的调查与数据支持。只是一涉及具体的环境、社会和发展问题，我发现无论是高原还是平原，现实里的矛盾、困境和疑惑到哪里都是一样的。

动物学博士、野生动植物保护国际（FFI）中国项目主任张颖溢认为，应当让当地牧民多参与讨论和决策。世代生活在草场上的牧民也有自己的看法和观点，他们大多没上过什么学，没有所谓的学历，但没有学历不等于没有知识。虽然文盲率很高，但牧民对周围环境中的一草一木、每一种野生动物的生活习性、家畜和草场了如指掌，俨然是天生的博物学家。他们掌握的许多知识生动丰富，在课堂和书本中无法找到。

根据美国现代地理学家亨廷顿的观点，人类面临环境挑战时，总是采取事半功倍的做法。比如，在干旱地区放牧而不是从事农业和灌溉。的确，如今三江源出现的一系列生态问题，似乎更像是社会和经济问题在自然生态领域的外在表现。政府和民间都在不断探索和调整，在科学研究还不能完全满足管理和决策需要之时，不如换一个角度去看待、尊重和传承牧民的传统放牧知识和传统文化，搭建传统与现代知识之间有效的沟通桥梁，重构牧民在草场管理中的自我组织和管理，让牧民真正参与到发展和环境政策之规划的制定和实施中。

世世代代的牧民依草场为生，不可能对草场进行过度掠夺。游牧文化和佛教文化的混合，更使得三江源地区的牧民本能具有保护自然的强烈诉求。他们那种朴素的"消极生态意义"的生存方式以及索求有度的精神气质，与现代自然保护理念大体上浑然契合。三江源地区的自然禁忌几乎无所不包，天空、土地、河流、湖泊、动物、植物等等，凡被视为神圣的地方，就存在禁忌。过去的牧人们严格遵循不能触动自然的禁忌，生产中只会有限度按照自然规律使用草场（四季轮牧法）；

生活中在游牧地点扎帐房、掩埋牛粪灰时,都在固定地点,保护了大片草原不受破坏。河泉湖泊是高寒干旱之地上的珍贵之物,为了保持水的纯净,人们严禁向湖水、泉水、河水中倾倒脏物污物。对山川河流及动植物的禁忌,保证了三江源许多珍贵的兽类、鸟类与鱼类的生长,保护着高原生物的多样性。虽然高原牧人是从宗教意义出发来保护生物,在与草场的长期共生中,自然而然地形成了一整套杂糅着宗教信仰的生活方式,其效果却也维持了生物界正常的食物链,使生物多样性优势得到了发挥,并维护了高原自然生态环境的平衡发展。

美国乡村社会学杂志也曾发表《景观:自然和环境的社会建构》一文,说明生态环境在无形间会被不同的知识体系和文化背景所塑造。同样一片自然环境,却承载着不同人们所赋予的文化意义,每条河流仅是一种我们认知中的河流,而每一块岩石也仅是一种普遍理解下的岩石。说到底,人类对于自然和人类关系的理解,永远只能是一种文化表达,我们最多只能知晓自然映像中的自我,以及我们对一片土地和空间的期待。

三江源地域虽广,但人口密度相对较低。近40万平方公里区域内约有60万人,其中核心区内的人口仅数万人。要解决资源、环境、人口的矛盾,如果仅仅是人的问题,只要方法得当,容易见效。

高原上的生态变化,主要还是气候的原因在起作用。从冰川、冻土、湖泊、植被、野生动物到农牧民生计，雨季水草、风霜雪暴、夏冬季草场变迁、牲畜数量与质量的肥弱兴衰等，莫不与自然气象发生着紧密的联系。三江源地区生态的脆弱性，就是源于其高海拔带来的寒冷和干燥气候，这种气候大大降低了植被的生长速度，当植物被破坏后，要恢复就很困难了。

而气候变化的影响深入地下，更令人倍感担忧。20世纪50年代初，青藏公路建成通车。为了保障公路安全，工程师们长期监测公路沿线的冻土层。几十年的监测结果表明，形成冻土层的临界海拔不断提升，而且活跃层不断变厚（永冻层以上，土壤会季节性融化，称为活跃层）。1975年，青藏公路124道班附近的冻土层厚达5.5米；到1989年，冻土层已完全消失。1980—1998年间，沱沱河的冻土活跃层每年变厚2—10公分。冻土层是高原上一个极为敏感的信号，清晰昭示着草场的退化。

自1950年代以来，青藏高原冰川就一直在退缩。1990年代以来，冰川退缩加速。高原外围的冰川退缩速度最快，有时一年就能退50米。历史上高原的气候也会有所变化，但从未像近一百年来这么动荡。"我们不知道未来究竟有多糟糕"——高原有可能面临一百万年来最热的气候条件，而更扎实的实证研究还远远跟不上。

在这个时候，总结三江源传统文化中体现人与自然和谐的价值观元素,与现代科学和生态文明理念相结合,整理总结出一套根植于传统又基于科学、并具有三江源特色的生态文化理念,是共同求解治理与保护的良策。

不管怎样,三江源的众多牧民,已经不是草原上那种纯粹的牧民了。随着三江源生态保护与建设项目实施,牧民纷纷退牧还草,搬出草场,离开了世代居住的草原,改变了"跟着牛羊走,围着草山转"的生产生活方式,给藏羚羊、雪豹、野牦牛等野生动物营造栖息的天堂。

继续走在人迹罕至、路况复杂、天气多变的雪域高原上,愈向深处走,不知怎么,感觉山变低矮了,但整个草原变得愈发明亮、愈发辽阔。一路上,我们也在讨论和考证着长江源头变迁,越走近长江源头,越觉得长江源头似乎不是想象中一片水的世界,虽然仍到处可见独立的水荡,水势说小不小,但说不清为什么,并没有想象中的那种壮观之感。为数众多的湿地,有不少明显在脱水干化。

清晨雾气弥漫,高处的草看着还是比较稀薄,因为气候高寒,这里其实并没有"风吹草低见牛羊"的茂盛的草原。只有在极目远望时,草地才整体是绿色的,而近处的土地上白色的沙碛居多。高原湿地也依赖于冻土,夏季冰川融水为湿地提供水源,而终年的冻土层阻止水渗入土壤深处,以此维护草甸与湿地生态平衡。永久冻土的退缩,加速了荒漠化在高原上的蔓延，在全球范围内，在如此高的海拔上，荒漠化的情况都是很少见，但在过去几年中却变得越来越普遍。要真正终结这样的趋势，恐怕还有很长的路要走。

据说没有人到达的地方，往往都有无限旖旎的风光，看来此话倒不尽然。不过远处的雪峰在蓝天下，还是在晶莹中透着一种庄严。在雪山间，偶尔可以看到碧绿的草甸和小型湖泊，都令人赏心悦目。

在重视生态环境的同时，人与环境之间原有的文化连接，也是很重要的。在那距离天空最近的高原上，我还是期待看到一些牧人的毡房，能让人们感受牧人的生活。每天太阳在草原深处升起的时候，他们赶着牛羊来到这些雪山之间的高山牧场，接受长江源头清水的滋养，远处是种植着青稞的农庄。我想，当游牧生活还能在我们的现代生活中保存，没有成为过往，并成为天地、山水、生灵之间的纽带，寂然的山野才会永远流光溢彩。

孤独的守望

我是雪山真正的儿子

潜伏在岩石坚硬的波浪之间

我守卫在这里——在这个至高无上的疆域

我的诞生，是白雪千年孕育的奇迹

我的死亡，是白雪轮回永恒的寂静

——吉狄马加《我，雪豹》

　　色调鲜艳的五色经幡在风中飞舞，经幡的五色象征，自上而下依次为：蓝天、白云、红火、绿水和黄土。高原上的人们提取这五种人类生存环境的基本要素，至今仍是三江源地区生活与天地最为亲近的自然风物。而安守寂静之中的那一片绛红的色彩，更生动点染了高原上的绿水青山和原生态生活，无论是远古的怀想还是当下的见闻，一切都带上了修行与自我审视的意味。这是三江源高冷的精神气质使然。

　　扎西拉吾寺始建于15世纪，历史上商贸繁荣的唐蕃古道就曾从这里经过。在寺庙附近开阔且居高临下的岩石上，曾经生活着一窝雪豹。当远处小道上轻盈走来两三个红衣僧人，且被微风拂开袈裟时，雪豹妈妈和三个小崽会立起来看看，慵懒地抻一抻自己皮毛光亮的腰身。在寺庙背后的山上，开阔嶙峋，岩羊成群，偶有白唇鹿、高山兀鹫、胡兀鹫造访。这正是雪

082

江河之上
三江源的历史与地理

豹理想的栖息地，蜿蜒的河道在起伏的群山中穿过，远处尚存少数残存历史余温的村寨。

雪豹生活在林线之上、雪线之下的高山地带，好似三江源的一个图腾。雪豹喜欢沿着高海拔地势的边缘，比如山脊线、峭壁或者山涧底部行走，在确保自身安全的同时也以高傲的姿态俯视众生。它们似乎特意选择生活在远离人迹的地方，身居荒远，独得自在。高洁的性情、隐忍的兽性、坚卓的孤傲，与三江源的高冷气质如出一辙。

在中国西藏、尼泊尔和中亚的许多文明里，都有关于雪豹的传说。据《尔雅》记载，有一种"白豹"其名为"貘"，与虎豹相仿，很有可能是雪豹。"又北二百八十里，曰石者之山，……有兽焉，其状如豹，而文题白身，名曰孟极，是善伏，其鸣自呼"——《山海经》提到的"孟极"，也可能是雪豹。寒冷荒僻的高原上，它们踪迹成谜，如鬼魅般存在。在这种极端环境中，雪豹几乎没有天敌。据牧民讲，雪豹捕食羊、麝、鹿、雪兔、鸟类，当它闯入羊群之中，会单刀直入，直取其中老弱病残的那一只，绝不旁顾其他，更不会像狼那样兽性大发，乱咬一气。动物性的残忍本能，在雪豹这里奇异地转化了，转而呈现出一种令人敬重的节制和风度。

寒冷的季节，它变身苦修的隐者，最艰难的时候，可以仅靠雪水来维持生命，度过大自然峻厉的轮回。在它刻意寻找到的恶劣栖息环境中，一旦吃饱，雪豹立刻目光如水，步履如烟，变身为贴心的猫科大暖男，生活的重要内容不再是食物，而是在雪山上沉思默想，像一个洞察世事的哲学家。

雪豹就这样以十足的偶像气质出现在公众视野中。人们赞美它是神的化身，是高原生态中的王者，科学家称其为"旗舰物种"，是占据高海拔生态系统顶端的生灵。

作为种群数量较少的珍稀物种，雪豹在全球目前仅存3000至7000只。中国拥有全球60%的雪豹栖息地，而三江源地区拥有中国最好的雪豹栖息地，这可能是因为，三江源是个具有生物多样性，同时又相对封闭与敏感的高原生态场域。

北京大学保护生物学博士李娟，从2009年起开始雪豹研究，她来到三江源地区，从事雪豹的科研与保护工作，她所在的山水自然保护中心在青海囊谦、索加与果洛三地设立了雪豹保护项目点。根据李娟博士的模拟，澜沧江源区是中国面积最大的连续雪豹栖息地。这片山地横跨青藏两省区，交错分布的石山和草甸为岩羊和雪豹提供了极好的栖息环境。

雪豹极少暴露在人类的视野当中，其捕食的场面更难得一见。对于人类来说，任何接近雪豹的尝试都充满艰难。这两年，北京大学和北京山水自然保护中心跟当地社区合作开展雪豹的监测和保护，进而与基层政府合作、推动县域雪豹保护，并于2015年发起主要由NGO（非政府组织）参与的雪豹中国网络。

自然与文化不可分割。雪豹并不是生活在完全无人的荒野，也许是趣味相投，他们愿意与僧侣接近。300万年前，雪豹起源于今西藏阿里，经过漫长的进化，适应了寒冷的高海拔环境，然后逐渐扩散至整个青藏高原及周边地区。3000年前，佛教起源于印度，后传入今西藏阿里地区，进而传播到整个青藏高原和蒙古高原。尽管相隔数百万年，雪豹和藏传佛教起源于类似的地点，沿着类似的路线，扩散到大体相同的区域。雪豹四肢健壮，胸肌发达，显然就是为适应崎岖山地长期演化而来的。这种神秘的追随、接近与相依，令人心折。

更有趣的是，中国的雪豹分布地大致与藏传佛教的盛行地重合。甚至雪豹和藏传佛教寺庙在选址的思维上也如出一辙。雪豹偏好背靠不易通行的山脉、拥有白色岩壁且有河流经过的地方。而寺庙的选址，也往往选择嶙峋的巨大岩石作为背景。莫非有雪豹为伴，修行者可以抵达更高的境界？据李娟博士的研究表明，在三江源地区，正式记录的藏传佛教寺庙至少有336座，其中46%的寺庙位于雪豹栖息地内，90%的寺庙在雪豹栖息地5公里范围内。那些依坡而筑、错落有致的庙宇僧舍，平顶方形，黄白相间，散发着一种静穆慈悲之气，像是在呼唤着山林间的万千生灵，如同招呼自己在野外嬉戏的孩子归来。

在长期共存的过程中，藏传佛教发展出一些有关雪豹的说法。佛经曾记载道：雪豹是石山的主人，雪豹是所有食肉动物的领袖，雪豹是神山的守护神之一。这些记录表明，在藏传佛教中雪豹的地位相对神圣，是当地人精神家园的一部分，是最受崇敬的动物。

每种文化都包含着关于信仰、伦理和审美价值的认同。神山崇拜，有机无机之物皆有灵，是三江源不可更改的精神世界，这样的信仰早于藏传佛教数千年。每座寺庙都有一块大约数十到上百平方公里不等的"圣地"。那里完全禁止猎杀野生动物、放牧以及其他破坏自然的活动。这样，寺庙周边的"圣地"就成为各种野生动物的避难所。

三江源地区的雪豹，以岩羊、高原兔、旱獭、鼠兔、仓鼠等野生动物为食。在高山草场退化的时候，岩羊等野生动物的减少，会让雪豹将捕食目标转移到牧民圈养和放养的家畜身上，这可能会招致牧民的抓捕，此外偷猎者手中的猎枪和陷阱下的夹板，也是威胁雪豹生存的潜在因素。而三江源的传统文化能保护神山圣湖，也保护了雪豹的栖息地。约8342平方公里的雪豹栖息地，都位于寺庙周边的神山范围内。

在三江源地区，人们创造了一个庞大繁复的神（佛）系统，没有这样一个神灵系统来参与生活，在面貌峻严的大山大河面前，他们会感到无助和恐慌。正式的藏传佛教寺庙，在三江源至少在300座以上。这些寺庙对雪豹意义重大,它们依赖而安稳地生活在寺庙周边的山地上。

放眼全球,80%的雪豹栖息地也位于相近宗教信仰的覆盖范围内。

澜沧江源区盛产虫草。每年5—6月,会有大量挖虫草者涌入,在每一片山坡上四下里搜寻。这时就会有僧人在附近组织巡逻,对相关行为进行阻止。除了巡护,"众生如我"的宗教教义,激励着僧侣们在礼佛修行之外,还开展野生动物监测、去当地学校讲授自然保护课、自发组织等活动。

2003年,三江源国家级自然保护区成立,面积接近15万平方公里。保护区设立了21个保护站,每个保护站配备2—3名员工。而三江源区域的数百座寺庙,大多数定期组织在神山附近巡逻。寺庙的管理还有其他优势。比如雪豹栖息地的崎岖山脉往往是行政边界,难以组织跨境管理,而寺庙的影响力可以跨越行政界线。从这个意义上,藏传佛教寺庙是雪豹保护的有力补充,尤其是在三江源这样的地方。

中国是最早将雪豹列为保护动物的国家。2009年,北京大学自然保护与社会发展研究中心开始尝试与寺庙合作,开展保护工作。从2011年起,在当地政府和国际机构的支持下,山水自然保护中心和北京大学的雪豹团队与寺庙合作,正式开展雪豹保护项目。李娟和自己的同伴挑选了4个寺庙合作。这些寺庙都做过大量环境保护，比如拾捡垃圾、植树、向当地社区进行环境教育、组织神山巡逻等。寺庙的负责人也很乐意开展雪豹保护活动。

雪豹晨昏出没的警觉习性，给研究带来了巨大的难度。除此之外，气候变化是雪豹保护的另一个挑战。雪豹生活的高山和亚高山带，位于雪线林树线之间。过去几十年中，雪豹分布区的变暖速度高出北半球平均变暖速度两倍，模型估计这种趋势在本世纪还将继续或加快。随着气温的不断上升，高山和亚高山带将向山顶移动，这将导致雪豹栖息地的丧失和破碎化。其中，三江源可能是受影响最严重的地区，包括中国的横断山和喜马拉雅山东段。此外，气候变化带来的疾病、生物相互作用以及人类活动的变化，也给雪豹和相关物种带来其他潜在威胁。

雪豹代表着文化观念、现实和想象的综合体。在多山多石的王国里，雪豹烟灰色的皮毛上，点缀着深色的斑点，有一种不太真实的美感。它耀眼的环纹，简直就像是神灵的胎印。美国作家彼得·马修森所著的《雪豹——心灵朝圣之旅》一书中写道："（我知道）雪豹就在这里，它在这些山里，用寒霜般的眼睛看着我们——这足够了。"诚如在青藏高原从事野生动物研究的北大动物学博士刘大牛说："与大熊猫不同，与东北虎不同，雪豹不需要拯救。雪豹需要的是共存，建立在合理政策、科学研究和传统文化基础上的共存。"

在三江源这片区域，科学家在这里跟踪动植物并采集数据，外地游客在这里找寻藏人信仰，偷猎者仍旧在找寻合适的机会下手。仅1990—2011年间，中国境内就至少有432只雪豹被猎杀，只要和这一物种4000—7000只的全球野外种群数量对比，对雪豹进行系统研究和保护的紧迫性都不言而喻。

高原环境的野生动物分布密度很低，而一只成年雪豹的活动范围非常可观：1998年之前，人们通过无线电跟踪，估算出一只雪豹的生活范围为58平方公里；但当更精确的GPS项圈被运用后，这一数字竟然不可思议地攀升到了1590平方公里，这辽阔的地域还覆盖了许多崎岖的山地和冰川。这珍稀的灵兽，大自然伟大的创造，也使我们获得了一种震动，一种来自高远之地的启示。他们才应当是三江源真正的主人，当然也包括那些在湖泊、冰川、沼泽、天空与草场上奔跑追逐的万千生灵。

2018年5月，科研人员对三江源地区各雪豹监测点数据进行汇总分析，并结合区域物种分布密度估算，认定雪豹种群正在持续稳定恢复。现在，雪豹监测区域总面积超过5000平方公里，监测画面涵盖雪豹捕食、交流、行进、求偶等方方面面。通过对相关图像进行个体识别，并排除重复拍摄的影像，再加上实地走访、野外调查、实验室分析等补充性调研，各监测点的雪豹数量都在逐步确定——整个三江源地区，现存雪豹种群或已超1000只。在监测画面里仔细观察雪豹，我们会觉察到人与雪豹之间难以言说的因缘，感受到荒野中生命系统的本真和纯粹。

月光清冷，群峰绵延，精灵出没。雪线之下，林线之上，皆是静谧的家园。雪豹在清冷的月光下漫步，不知在想着自己什么奇异的心事？答案也许就在那片人与自然共同依存之心、相互平衡之道共生的地域，就在那有温度的山水与人心之中。

静候岁月解冻

我在纷纷扬扬的雪中奋力往前走，天地间看不到其他生命，只剩下我和藏羚羊彼此相伴……我仿佛置身梦境，恍若看到了独角兽，手持长矛的藏族武士，还有塞伦盖蒂平原的羚羊出现在隆冬大地。

——乔治·夏勒

"山梁河谷中星散的民居庙舍，隐藏在山褶谷丛中令人欣悦的人类生活"——法国历史学家伊波利特·丹纳认为，如果我们要正确认识一个种族，首先就需要去考察他的乡土，那需要在地面上行走，就近地观望和访问。没有哪里是世外桃源，熟悉的地方没有风景，不过我们还是被这个富有生机和灵性的世界感动着，三江源创造了特有的生命现象，一切生灵都处于被自然接纳的生活方式和秩序中，踏实而安详。

生活在三江源地区的大多是牧民，依赖有限的季节性自然资源生活，人口密度极低。高天厚土之间，有时开车行驶上百公里，也只能在草原上看到几顶毡房。黑色的牦牛闲散地在草原与街巷间行走，不时发出沉闷的叫声。无论在定居点的土坯房顶，还是随住随扎的牛毛毡房前，或者经幡飞舞的玛尼堆上，常会有造型各异的野牛头或牛角，倔强地指向天空。在青藏地区，特别是在三江源地区广为存在的牦牛文化中，最常见的便是供奉牦牛头骨或公牦牛的牛角——静卧在玛多县黄河源头的牛头碑，在一定意义上是青藏牦牛文化的一种体现。长江，在藏语里叫治曲，意思便是牦牛河，确切地说，是母牦牛河——汩汩从冰川流泻而出的长江，就像是母牦牛的乳汁一样，养育着大地苍生。单单从这一地名的象征意义，足见江源地区人民对珍贵水源的看重和崇敬。

在三江源传统游牧文化中，牦牛是上天赐予藏民的礼物。像雪豹的栖息地与寺庙分布大致重合一样，牦牛也不依自然区域的分布规律生活，而是以青藏地区民族的繁衍生息特点，跨行政、自然区域分布。哪里有青藏牧民，牦牛就会出现在哪里。如同土地之于农民，牦牛和草场是牧民的文化之源、立身之本。把牦牛当作商品出售，从宗教感情上许多牧民难以接受，因为这无疑是一种杀生的活计。虽然当地人也食用牦牛肉，但牧民们心存感激，并为此诵经祈祷。

牦牛就像家人一样，甚至拥有自己的名字，村民们都认得出自己的牦牛。牦牛肉、牛奶、酸奶和酥油是每个牧民家庭必需的日常饮食，牦牛皮可以鞣制加工成衣服和粮食袋，牦牛毛可以用来捻线纺织加工成帐篷、套索等物品。牦牛本身还是游牧转场时重要的运输工具。即便是牛粪，也是牧民家必不可少的燃料、肥料及建筑材料。有些牦牛更会被放生，终生都得到牧民们的看护和照顾。

　　每到春季，总会有几只公的野牦牛会跑到牧人的家牦牛群里，牧民任其与母牦牛交配；或者干脆将家养的母牦牛赶进有野牦牛的山谷里。杂交的后代体型更大，毛色更黑，力气也更大，模样喜人。当然要防着点意外，野牦牛会顶伤小孩和挤奶的妇女，这大家伙看似迟缓，其实感觉极为敏锐，两只令人生畏的犄角随时可以发起进攻，像一辆呼啸冲撞而来的吉普车。

　　有时，野牦牛还会将家牦牛拐走，从此一去不归。

　　野牦牛是高寒地区的特有牛种，特性是集群生活，少则几头，多则几百头，在雄野牦牛的带领下觅食。野牦牛耐寒，善走陡坡险路、雪山沼泽，出没于海拔4000米的高山草甸，是风雪之中的"高原之舟"。1998年，当地牧民在西红水河发现的最大野牦牛群为200多只。不过这种野兽对雌性配偶极为关照，对幼牛也舐犊情深，一旦有警，会立即把它们围在圈子里，以为保护。

　　在敦煌的吐蕃文献中有1000多年前的《法律三条》，其中一则有关狩猎的法规规定，在猎取野牦牛时，猎人一旦受到反抗的野牦牛伤害，例如被角顶或被脚踩，其同伴若采取措施救助则予以奖励，反之若见死不救、临阵逃脱则予以惩处等。这一条例制订的背景，至少说明了当时野牦牛分布广泛以及狩猎活动作为生产方式的普遍。在遥远的时代，有机会猎取野牦牛的时节可能只应在秋季，其时野牦牛发情交配，雄野牦牛之间为了爱情展开激烈角逐，流血致伤致残的情况很是寻常；败者从此远遁，不再合群。这个时候，以先民的群体之力捕杀一头或几头落单、伤残的野牦牛才有可能。

普氏原羚是濒危的高原精灵，数量比大熊猫还少，是一种比较原始的羚羊种类，目前全球仅剩300余只，只分布在青海省。它们生活的环境，通常生长有麻黄、芨芨草、苔草、沙鞭、沙生针茅、狼毒和蒿属等植物，其间还有沙丘、缓坡和开旷的半荒漠草原，一般海拔高度3400米以下。

在三江源的核心区域也生活着熊，它们喜欢独来独往，喜欢耐心等待，真正懂得大自然的生存法则，所以它们才是真正的荒野猎人。

在自然界，地理、气候环境的急剧变化，造成了物种演化进程加剧，衰亡、新生、变异始终流转不停。野生动物在漫长的进化过程中，与高原的气候丝丝入扣。而在稳态环境中，古老的物种会静静地存活下来，甚至一直活到今天。三江源混合崎岖山地的高海拔草地，不仅是雪豹的家园，还生活有灰狼、棕熊、猞猁、赤狐、藏狐、荒漠猫和兔狲等食肉动物。这里曾经有过大水泱泱的时期，曾经有过水生陆生和飞翔生物的鼎盛时期。天上飞的、水里游的，多为青藏高原所特有。就算现在，人类的足迹鲜有踏足此地，这里仍是属于野黄羊、野牦牛、野马、野羚羊、黑颈鹤、野驴、盘羊、岩羊和狼的世界。人类倒有可能是最晚出现在这一地区的物种。

1985年10月，经过漫长的等待，52岁的野生动物学者乔治·夏勒到中国西部调查雪豹。在沱沱河，这位目睹并研究过四大洲荒野奇迹的生物学家，第一次与藏羚羊迎头相遇。青藏大地河流蜿蜒，山峦静默，大队高原生灵在他身边经过，那场景如梦如幻。

藏羚羊最早与印度的羚羊是同一品种，随着高原的隆起，气候变化，这一品种开始变异，逐步适应了高原的寒冷。每年的严冬之末，正是藏羚羊发情交配的季节，也是藏羚羊界的比武大会。在那一年罕见的漫天大雪后，藏羚羊开始陆续集结，往南迁徙。几千头藏羚羊翻出峡谷，蹚过数条河流，鱼贯而行，继续新的生命历程。

不受阻挠的迁徙，表明这片土地拥有着无比珍贵的宁静与自由，这里一定是一个尚未被破坏的生态系统，一个真正的尚未被人类完全控制的荒野之地。夏勒教授花费大量精力，初步摸清了藏羚羊的分布范围、种群数量以及大致的迁徙路线，并敏锐地将猖獗的武装盗猎与昂贵的奢侈品沙图什①关联起来。1993年，在他的建议下，中国建立30万平方公里的羌塘自

---

① 其发音来源地波斯湾，意为"半绒之王"。沙图什主要是指由藏羚羊绒编织成的披肩。——编者注

然保护区。

1997年夏季，在卓乃湖、豹子峡附近，有人也曾发现有上万只藏羚羊集中产崽。这里水源充足，日照长、温差大，有利于营养物质的蕴积，牧草看似稀疏，却富含蛋白质。雨季或冰雪融化催生的牧草，更是口感鲜嫩，怀孕期的动物尤为需要。

高原野生动物的迁徙，一般有四类驱动因素：食物的季节性波动、雪被深度、地表水的多少，以及"传统区域"的吸引力。藏羚羊为何要迁徙？怀孕和哺乳是高耗能活动，但偏偏是母藏羚羊在怀孕期间进行长距离迁徙。

是为了更好的食物吗？当然食物也是重要的。然而有时那迢迢奔赴之地，往往并非"桃源"，有时甚至植被贫瘠、碎石遍地。那是为了追求更安全的环境？实际上凶猛野兽并无力长时间跟踪抓捕迁徙的有蹄类生物。不过藏羚羊在偏远地区集群产仔，有可能降低被捕食的风险。荒原草甸深峡隐蔽处产崽，的确是比较理想的。

还有研究表明，藏羚羊的产崽地选择，可能与气候有关。藏羚羊的产仔期也是降水的高峰期，当地降水大多以冰雹和雪的形式。到降水少的地方产崽，小羊更容易成活，而且草不至于被雪覆盖而易于发现。较低的气温，也能够帮助小藏羚羊逃离蝇虫侵扰。

当严重的风灾、雪灾来临，可可西里高原上一片萧瑟，动物们会在断陷盆地的洞穴中避风，等待着严酷的大自然重展笑颜。当小羊羔可以独立生活时，便会在族群的带领下，返回春芽萌动的草场与湖滨。

兽群迁移，鲜活雀跃，浩浩汤汤，是生命的奇观与胜景。在平缓的荒原山坡，当藏羚羊全速奔跑时，时速可达80公里。如果几千只飞奔疾驰，喧嚣之声响彻原野，无比壮观，令人动容。

据考察，并不是所有的藏羚羊都进行长距离迁徙，迁徙种群多集中在可可西里。

可可西里地处北羌塘，位于青藏公路以西、唐古拉山与昆仑山之间包括长江源头在内的大片无人区，可可西里是蒙语名称，意为"青色山梁"，为17世纪蒙古人和硕特考察此地时所命名。

冰峰雪山、河湖广布、草原荒野的复杂多样的地理环境，使可可西里成为野生动物的天国乐土。荒原深处，大地安稳，一派熙熙攘攘的生动景象。灿烂的阳光与寒冷的空气，成功抑制了病菌的繁殖和传播，提高了野生动物的生存率。

可可西里自20世纪80年代末始为国人所知，机缘来自西部淘金热，及有关的灾难性事件。

三江源富含金矿，河水携带着大量金沙，但开采程度一直很低。汽车、枪械等工具的使用，极大地助长着人类永不停歇的贪婪，也加剧了向三江源索取资源的速度。三江源变得人声鼎沸，机器隆隆，几条淘金船就能把珍贵的上源河床翻个底朝天，挖深达数米，河水污浊不堪，与草原和蓝天形成了强烈对比。淘金、挖金、开矿，现代化的喧嚣和力量，对于生态环境十分脆弱的高原草场来说，是极为致命的破坏。

非法盗猎更是猖獗，草地上寻常可见劈开的野牦牛头，盗猎者们不停歇地围捕着这片土地上的野生动物，三江源一度成为白骨累累的动物坟场。

受国际黑市昂贵的藏羚羊绒的利益驱动，盗猎者会冒死进入这片区域，每年猎取大量藏羚羊皮偷运出境，牟取暴利——藏羚羊绒贵于黄金。其绒制品既轻又软，一条披肩可从一枚戒指中间穿过，故而被称之为"戒指披肩"，又名"沙图什"。它出自克什米尔的传统工艺，据说当年的东印度公司发现了它并传入欧洲，拿破仑曾订制过，作为礼物送给情人约瑟芬。在国际黑市再度流行时，其价格之高令人咋舌，但每只羚羊仅可产100克绒。如此之高的利润让偷猎者为之疯狂，明火执仗地驾车驶往可可西里，大肆猎杀藏羚羊。

之后的事件广为世人所知，在治多县委副书记索南达杰的提议下，成立了旨在制止非法淘金和偷猎现象的西部工作委员会，他们踏上了可可西里的风雪之途，一年内12次进入可可西里，多次与非法偷猎者交火。索南达杰，这位保卫可可西里的先驱者，可可西里藏羚羊之国的守护神，在他独自面对18名持枪歹徒时，壮烈牺牲在丧心病狂的偷猎者枪口下。人们发现他时，他仍保持单膝跪地的射击姿态，可可西里的严寒将他冰冻成不朽的雕像；在他身边，是偷猎者仓皇出逃时未及带走的上千张藏羚羊皮……这天是1994年1月18日。

索南达杰一死惊天下，也使可可西里乃至青藏高原的野生动物保护、生态保护观念深入人心。1995年，中国建立可可西里自然保护区。10年之后，陆川导演将这里的故事拍摄成了一部叫《可可西里》的电影。如今在三江源地区，藏羚羊已经由20世纪80年代的不足2万只恢复到目前的7万多只，青藏公路沿线经常可以看到藏羚羊及其他野生动物采食、嬉戏、活动的场景。

在三江源区域，仍然有雪豹、狼和棕熊的健康种群徜徉其中，这是健康生态系统的标志。

野生动物各种各样的生存问题肯定会永远存在，不过可以毫不夸张地说，三江源地区是中国乃至全世界观察大群野生动物最好的地方之一，现在这里是野生动物的乐园。

2017年7月7日，可可西里入选世界自然遗产名录。这里"保存着完整的藏羚羊在三江源和可可西里间的迁徙路线，支撑着藏羚羊不受干扰的迁徙……"世界自然保护联盟技评估报告中有这样的评价。成功"申遗"，意味着可可西里"高原野生动物基因库"的自然特质得到了高度认可，也意味着一代又一代的守护者拯救藏羚羊、保护自然环境的人文精神赢得认同、引发共鸣。

自2003年起，中国政府开始着手治理三江源地区的生态环境，实施举世瞩目的生态修复工程。2004年初，我国第一个大规模退牧还草工程在三江源地区开始实施。国家计划用5年时间，通过禁牧、限牧等方式，以"恢复和改善草原生态系统，实现人与自然的和谐"，这标志着以投入巨资的国家力量介入为特征的新一轮自然保护行动，即将在这片广阔无垠的土地上拉开帷幕。

现在，三江源地区生态退化趋势基本得到遏制。曾经的盗猎之地，如今也已恢复平静。在海拔4000多米的玛多，可以看到牧民骑着摩托车，深入到扎陵湖、鄂陵湖深处拣拾垃圾；在交通颇为不便、人迹罕至的杂多，沿线公路边有不少的垃圾收集中转站。从黄河源到澜沧江源，再到长江源，都有生态管护员，山水林田湖草和野生动物，都是他们日常巡护的对象。藏羚羊、普氏原羚种群数量比保护初期增长2倍以上，生物多样性逐步恢复；藏野驴、雪豹、白唇鹿等濒危动物种群数量恢复性增长。

在曲麻莱县措池村，为了保护野生动物，还专门成立了

"野牦牛守望者协会"，长期监测野生动物。协会的志愿者要求牧民们记录野生动物的数量，牧民们开始认识到野牦牛也有生存的权利，措池村集体决定为野牦牛腾出12家牧场，措池最大的牧户还专门为野牦牛搬了家。现在野牦牛的栖息地比以前扩大了一倍多，整个村民的生态观念都改变了。

现在，措池2400平方公里的土地上没有垃圾，没有盗猎者，没有开矿。措池每年7天的生态文化节是全村人的大聚会，结束之后没有一点垃圾，连牛粪灰都得到处理。有时牧民们赶着牦牛回家的时候，野黄羊跟在后面，这在其他地方是看不到的。在措池，野生动物可以跟人很接近，人们可以近距离拍它们的特写。

再如临近的勒池村，村外的草原是青藏公路西边著名的藏羚羊栖息地。第一届措池村生态文化节的时候，勒池村牧民去参加，受到很大启发，他们回去成立了"藏羚羊保护协会"，自发做野生动物监测。

现在，三江源的牧民们对野生动物状况的认识，有了整体的升华。他们认为，野生动物多的地方，草场会更好，牛羊也会更健康。在他们的眼中，野生动物不是与牛羊争抢草场的对手，而是草原生态系统或生命系统的一部分。藏羚羊、藏原羚、藏野驴和白唇鹿等吃不同的牧草，狼、藏狐、秃鹫、雪豹也是系统中的一部分，就如同人和家畜一样。

在三江源地区，高原鼠、兔有着庞大的数量，它们与家畜争食优良牧草，降低草地载畜量，而且疯狂打洞、挖掘草根、破坏草皮，造成塌陷与水土流失，轻则至地表千疮百孔，毒杂草丛生，导使草地劣化变质；重则使地表土层严重破坏、砾石丛生。寸草不生的次生裸地，非常影响草原生态环境。三江源地区采用生物毒素防治和鹰架招鹰控制鼠害相结合的办法，对害鼠危害区进行大面积集中连片防治，压制鼠害暴发的势头。

过去牧人视牧草为草原生命的延续，在放牧时一般都会自觉频繁转场，很多情况下，最多两周就要搬家，以免过分践踏附近的草皮。牧民们并不把自身独立在自然生命系统之外，而只把草场作为从中获益的一个外部世界。即使野生食肉动物吃掉一些牛羊，他们也觉得很自然，可以接受。他们更愿意用鹰架而不是毒药来治理鼠、兔，因为鹰架似乎只是让鼠、兔们害怕而逃走了。

有关"生态"这一概念，在生物学家和一些科学家那里，已经被简化为自然生命的存在状态，但有些观念是没有错的，比如说让"自然的归自然，人类的归人类"；在理解、亲切与帮助之中，要有一条隐约的界限，不追求过度的交融，这是对野生动物，也是对自然法则的尊重。人类可以凭借自己的理性，努力去维持这样一个界限，或者说，一个平衡。

三江源区域是整个青藏高原的缩影。巍巍昆仑山，见证着高原的巨变。只有政府、公众、牧民、科研机构形成一种合力，大群野生动物群浩浩荡荡漫步于冰川之麓的壮观画面，才会长存于世。水草丰美，人兽和谐，共处雪域高原的场景，不应成为下一代失落的记忆。说到底，理解与关切，是一切生命共处的最高境界。愿人类与荒野的兽群，永远都能在高处行走。

第三章　高原梵歌

江河之上
三江源的历史与地理

"源"者,"原"也

> 天地之化,往者过,来者续,无一息之停,乃道体之本然也。然其可指而易见者,莫如川流。故于此发以示人,欲学者时时省察,而无毫发之间断也。
>
> ——朱熹《四书章句集注》

　　人类原发性的智慧与思想,多依江河而起。江河文化的最初发端,又可以说是以"江河哲学"开始的。

　　江河亘古流淌,两岸沃野,水滨泽畔,成为先祖选定的生息之地。"逝彼百泉,瞻彼溥原"《诗经·大雅·公刘》,沿着河流的方向,指示着一种人类哲学思想发端的意味。在哲学诠释学的视阈下,河流与中国古人的生存境况、思维方式、价值理念与情感取向根本契合。

　　要问这世界上什么存在的时间久远,河流可以算得上。存在了许多年的河流,你能看出哪段是年轻的、哪段是年老的吗?它有时是轻灵的、绮丽的,有时又是沉郁的、沧桑的,但它并不为人世转变容颜,有着自我超然于万物的自信。

　　法国哲学家巴什拉曾敏锐地指出,海水,是一种非人性的水,因为海水"缺少可直接服务于人的可敬本原"。

而在这位哲学家眼中，有源头的水，则是一种"值得称颂的水"。

比如一条河的源头，对河的整个流程而言，"都负有责任并享有功德。河的力量源于源头"。

江河就是有源之水。江河顺流而下，既是生命的发源，也是生命的归宿，有着丰赡的哲学意味。

世间万物本就该有一个原初形态的存在。它是世界之源，是天地之根，世间万物，都由此产生。

这个源头，还不仅仅是地理上的，所以在人心深处，有着永恒的疑问。

遂古之初，谁传道之？

上下未形，何由考之？

冥昭瞢暗，谁能极之？

冯翼惟像，何以识之？

明明暗暗，惟时何为？

阴阳三合，何本何化？

……

屈原的《天问》开端发问，每用一"曰"字："曰：遂古之初，谁传道之？"陈本礼在《屈辞精义》中说，"曰字一呼，大有开辟愚蒙之意"——但这一切，都是怎样开辟的，是怎样发源的？

特定的哲学，影响着特定文化的面貌与精神。从世界文明的发展看，西方的文化与哲学，一样日久年深地沉浸在对江河的注视和领悟中。

西方的文化无论是从古希腊开始，还是从《圣经》起源，全都具有一种火的激昂。西方的历史，似乎是一种不停转动的状态。返者道之动，假如不动，则无从返起。

在一些原始文明的神话和宗教中，都存在着循环往复的思想，即每过一段时间，世界就可以获得一次更新。每当那个时候，世界会回返混沌一团的原初状态。这是原始思维积淀的对创世之初的不自觉回溯。在《圣经》里，伊甸园是人类最初理想中的"桃花源"，而亚当和夏娃偷食禁果遭上帝放逐，失去了树木和生命之水，人类这个理想的家园就失落了，也引发了西方文化"回归初始"的永恒主题。

在一些西方民族的思维里，地下阴间经常被想象成为水的世界。从方方面面看，水都是先人世而存在的，古老的宇宙观认为，世间是一团混沌的雾，天上有星河，地下有冥河，天在地外，水在天外，浮天载地，创造一切又埋没一切。"对灵魂来说，死就是变成水……灵魂是从水中而来的。"北美洲太平洋沿岸的海达人认为，每一个善良的人死前，都会有他已故的朋友驾舟而来，接他加入亡灵世界。上帝令水"要多多滋养有生命的物"。而当大洪水淹没了充满罪性的世界，又同时喻示人类洗脱罪孽后的再生。在西亚阿克得人的神话史诗《近东开辟史诗》中，别出心裁地论述到，世界和万物是天地未形成之前，水之清者与水之浊者激烈缠斗的产物。

巴什拉认为，江河在物质世界里，有一种最基本的与永恒接近的况味。而"物质不管经过何种扭曲，何种分割，它依然是其自身。物质在两种意义上使自己有价值：在深化的意义上和在飞跃的意义上。从深化的意义上讲，物质似是不可测的，似是一种奥秘。从飞跃的意义上讲，它似是一种取之不竭的力量，一种奇观。在这两种情况中，对某种物质的思考培育着一种敞开的想象"[①]。这是在提示我们，江河自身的恒定状态，与最基本的"物质"完全同一，有一种寻常又不可思议的神秘属性。

和陆地相比，显然河流上的漂流生活不适合普通人的生存，河流成为了获罪者天然的流放地，被放逐者"被送到千支百叉的江河上或茫茫无际的大海上，也就被送交给脱离尘世的、不可捉摸的命运"，成了最自由、最开放的地方的囚徒，"被牢牢束缚在有无数去向的路口"（福柯语），河水的流动

---

① 〔法〕加斯东·巴什拉著，顾嘉琛译《水与梦——论物质的想象》，岳麓书社 2005 年版，第 165 页。

性恰好契合了放逐的漂泊性，于是流放地就被赋予了"等而下之"的社会属性。但是如果河流取得了主体的认同，对于外界社会造成的种种不公，河流又具有了规避外界险恶、保护主体的港湾性质。

以江河体道，最能契合体现中国哲学的思辨意味。对于封闭的内陆农耕社会来说，江河对人和农作物的生命存续有着极为重要的关联，特别是在每年洪灾旱灾的威胁下，人们对江河的感受更加强烈。对中国文化发展产生深远影响的古代哲学家老子和孔子，正是从对江河的观察和领悟中去触摸"天道"。"上善若水""智者乐水"，水可以创造出万物并涵养万物，也形成了中国思想博大温文、尽性尽理的自如风貌。他们对宇宙大化的思索，并不完全借助于概念和逻辑，而是来自对类似江河这样的物质的观察、想象和沉思，人与江河合为一体，声息相通，由江河在心中产生的直觉造型，来构建中国哲学思想的原始框架。

美国汉学家萨拉·艾兰的《水之道与德之端：中国早期哲学思想的本喻》一书，详细地研究了中国哲学与水的关系。她吸收乔治·莱科弗《我们靠隐喻生活》一书的观点，认为一种文化的概念体系依赖于它的基本的隐喻或本喻。"一种文化的最基本的价值，将与此文化中的最基本概念的隐喻结构紧密关联"。她据此提出，西方文化的本喻是宗教，而中国文化的本喻则是"水与植物生长"①。这一解释，是理解中国河流文化与传统社会根脉关联之形象说明。

中国的文化和哲学，既然以江河为发端；那么江河文化从某种意义上来说，正可视为中国文化的母体文化。山泽川流的精魂，穿透数千年茫茫岁月，有如文化遗传密码一般，渗透在中国人的文化心理结构中，好似"千岩竞秀，万壑争流，草木蒙茏其上，若云兴霞蔚"（《世说新语·言语》），是深邃动人的文化哲学境界。

"江河"的意象，不是孤立的、静态的，而是在动态中包含着创造，包含着意义的附加和激发。江河象征着生命的充盈和富饶，昭示着宇宙自然运行的永恒性，如同血液在人的皮肤下、肌肉里奔腾，也强化了华夏民族柔韧、沉稳、百折不回的文化精神。

江河与万物通，形成了生发和维持人生存意义源头的终极态势。其刚健自强、生生不息的特点，一如中国文化积极有为的精神，所谓"苟日新，日日新，又日新"，"不积跬步，无以至千里；不积小流，无以成江海"。道势如水，其喻示的真理，首先

---

① 〔美〕萨拉·艾兰著，张海晏译《水之道与德之端：中国早期哲学思想的本喻》，上海人民出版社 2002 年版。

不是柔弱，而是以"刚毅"之精神，奋斗不止，绝不懈怠，使一个万物并作的世界得以成立，气象万千。

江河之"源"者，水流始出处也。据《辞海》，源，本作原，水流所出，如源远流长。日久年深，引申为事物的来源、根源；"源流"一词，原指水的本源和支流，引申指事物的本末。

中国传统文化自古以来就注重根源、本源。事物的发端和本源最接近事物的本质，凡事要名正言顺，就须正本清源，如《旧唐书·儒学传》云："启生人之耳目，穷法度之本源"；《文心雕龙·总术》亦言："务先大体，鉴必穷源"；对于研究的对象，如果"沿波讨源，其幽必显"（《文心雕龙·知音》）。离开"源"越久远，谬误就会越多，所谓"古传之已久，多失本源。差之一画，讵惟千里"。若要纠正错误，就要探源流、析传承，期待从源头找到答案。先哲圣贤的"三代"理想，文学史中的"复古"运动，都是从现实的不满或困境中起步，从而返身探源。

水有源自然有流，则源为首、为本，代表着正统、正确，流则为其次，为枝叶。所以对于学术或文艺而言，"流"往往表示平庸之文、衰世之文、是文之流弊。"追本溯源""原始返中""原始要终"，始终是华夏文化解决问题、走出迷途的最主要途径。

这样一种基本思想，至今仍在中国文化里存活，仍在与实际生活和历史进程交相呼应。"回归初始",不是一种偶发的个人意愿,而是一种自古就存在的集体意识与哲学探索。寻源,就是终极关怀的哲学形式,滔滔江河之上,泛着永恒的哲学波光。

在中国的语境里,"桃花源"与大同世界、乌托邦几乎同义,可见中国文化里对"源"的直觉一般的崇拜与向往。在潜意识里,"源"是一种不甚清晰的存在,是历经人世苦难之后的回归之地,是与世俗居所意义完全不同的一处圣地。"缘溪行,忘路之远近……林尽水源,便得一山,山有小口,仿佛若有光……"这一份美丽超拔的想象,包含着对自由的某种浪漫向往,营造出与浑浊的现实世界截然不同的纯粹和清澈,构成了一代代中国文人难以摆脱的内心图式和想象材料。江河的移动性和源头的未知性,将人引向理想中隐秘而自由的桃花源,激发回归的冲动。

东方文明最初的精神家园,就是建立在混沌无言的一团大水之中。这样的无言,不是无可言说的无言,而是不言而喻的无言。老子的常无常有、抱朴守常,先验地成为一种文明历史恢宏的存在架构,在其隐喻性上也表明,中国人最始源的精神家园,就是混沌之水、无言之道。"道若川谷之水,其出无已，其行无止""天地相合，以降甘露，民莫之令而自均。始制有名，名亦既有，夫亦将知止。知止可以不殆。譬道之在天下，犹川谷之于江海。"江河之水对于老子思想而言，是一个具有根源性的核心理念，其无处不在，无时不在，或者说存在不可遮蔽地隐含于从一到万物的生发过程中，不言而喻地潜藏在万物归一的往返回复上。

"水中怀着胚胎，集聚着宇宙间的一切生命。"（《梨俱吠陀·水胎歌》）在那个思想与诗还没有分开的时代，一次次非同寻常的寻根探源之旅已悄然开始。

太初，此世界唯独"自我"（神我）也。无有任何其他生物。彼自思维："我其创造世界夫！"

彼遂创造出此诸世界：洪洋也，光明也，死亡也，诸水也。……

彼自思维："吁！此诸世界也，我其创造护持世界者乎！"彼遂直由诸水取出一真元体（原人）而形成之。

这是印度的"创世记"——《爱多列雅奥义书》中的描述。真元内充，清气弥漫：大气磅礴，素朴有力。注意，人是由"诸水"中"取出而形成之的"，在"创世记"中，万物取之于水，我们也随之重温了那漫天大水创造世界的壮丽时刻。

在古老的《梨俱吠陀》里的《创生歌》（或《无有歌》）中，也有这样的吟唱：

> 那时既没有存在（有），也没有非存在（无）；
> 既没有大气的空间，也没有超出它的天穹。
> 什么被隐藏着？在何处？
> 在谁的护持之下？在无底之水的深渊之中？
> ……
> 在一开头，有混冥裹藏着的混冥；
> 这一切是一片无区别的汪洋。
> 生成被空虚包藏着，
> 彼一靠自身的势力而产生。
> 谁能知晓，谁会在这里说出它？
> 它在何处出生？这创造发自何方？

古有天地之时，萌芽兹始，既没有"有"，也没有"无"。在万物创生之际，是被"混冥裹藏着"的"无区别的汪洋"。谁说古人只能有初级的幼稚的思想？在古希腊哲学出现之前数百年，甚至上千年，这求索本源的歌声，已响在印度河畔。它的深刻微妙、雄浑苍劲，一如江河源之上的奇山险壑。

《楚辞·九章·悲回风》曰：

冯昆仑以瞰雾兮，隐岷山以清江；

惮涌湍之礚礚兮，听波声之汹汹。

纷容容之无经兮，罔芒芒之无纪；

轧洋洋之无从兮，驰委移之焉止？

漂翻翻其上下兮，翼遥遥其左右。

湘沅一带，河流众多，使得屈原雄奇而悲怆的想象得以逆流而上，直登昆仑顶峰，江河发出雄壮的嘶吼，它没有固定的路线（无经），散漫自由（无际），甚至没有预期的目标（无从），只是任性流淌，仿佛天地都已慷慨地承诺于它，许诺它万古任性，奔放激越。这首诗没有叙述一个完整简单的故事，只是一首思虑幽深的哲学之诗，浩渺无际间，若有天道存焉。

东流水的永恒性，是人们基于生活经验（西高东低的地形）的认知。江河最为直观、切近和形象地体现了事物运作递进的单维性与连续性。传说伏羲、女娲是在远古洪水肆虐之际，躲入葫芦逃生，世上才有了人类的延续。三江源是史诗《格萨尔王》的摇篮，也是源文化的重要发祥地。长江，在藏语里叫治曲，意思便是牦牛河。确切地说，是母牦牛河——汩汩从冰川流泻而出的江河，就像是母牦牛的乳汁一样养育着大地苍生。单单从这一地名的象征意义，足见三江源地区的人民对源头之水的看重和崇敬，也透露着一种未经雕琢与修饰的可贵直觉：那就是对江河从高山流溢而出、滋养自然万物的领悟。生活在三江源的民众，对高原生态环境的脆弱与自然资源的珍贵有着深切的感受。如何在脆弱而艰难的自然环境中生存，是他们自古以来就要直面的重大问题。对这个问题的思考与解决，形成了他们关于宇宙、自然、人生的基本观念和人与自然相处的一整套价值观念、社会规范与生活方式。

江河守护生命，也吞噬生命，生存其间的人民，往往面对着巨大的矛盾与悲剧。江河是温柔的，也是刚烈的；它是平和的，但转瞬之间，也能激起惊涛骇浪。每一条河都不容拦阻，如果试图改变河的方向，甚至会惹出滔天大祸。而且，就算它们真在某一地段受到了外力的改变，可能也只是绕了一个圈子，谁都不能一直影响它最终的走向。它们永远气势磅礴、奔流向前，同时也在不断地更新与清空自己，它们无所牵绊，以无穷的动力，维持着一泻千里的能量。

一条河，就是大地的一条脉络。有它的脉动，大地才能葆有深沉的生机与活力。因为有了这些河流，才会有鸢飞鱼跃、稼穑葳蕤的世界。法国历史学家和文学评论家伊波利特·丹纳在《艺术哲学》中说："对于一个简单而健全的心灵，一条河，尤其陌生的河，就是一种神力……滔滔无尽而有规律的流水，使人体会到一种平静、雄伟、丰富、超然的生命。"

所以河流不但自身拥有自然生命，也是大地的血脉。河流与人体的血管在组成结构、物质交换和动力学原理上，都有令人惊异的相似性。比如引水过度，就会造成河流断流，河流之生命也会趋于丧失，就像一个经历了过度医疗、奄奄一息的病人一样。可见，江河也是极丰富而又极脆弱的生命体。所有的表象都有内在的联系，就像江河和地质、地貌的关系一样，它们是一个息息相关的生命系统，唇齿相依、共生共荣。作为一个整体，它的使命是多重性的，其中更重要的职责，是培育并确保多样性的繁荣和可持续发展。现在对某个区域的保护和呼吁，往往在科学上站不住脚，那就是我们看待一些问题，往往缺乏哲学视野和全局观。旱则赤地千里，大地干涸，涝则洪水泛滥，一片汪洋，这样的问题，显然不是一时一地的环保呼吁所能解决。大自然渐变与突变交替，我们生存于漂浮的陆地上，变化的环境中，变动不居也是江河的常数。

　　江河不仅是我们个体生命存续的基本保障，而且是人类群体借此去划定生存边界的一个天然分野。比如三江源的牧民，和生活在江南的民众，他们的性格与面貌，当然都大有分别。高原人"重厚朴鲁"，性情厚重、质朴、内敛，其凝重、悲凉近北人；水乡人秀慧聪敏，其清秀、浪漫近南人。按卦象分属坎离，亦为南北之别的大端。北方有水乡，南国有山区，南北文化参次交互，呈现繁复多样之面貌，如钱锺书所说："顾燕人款曲，有自其和声软语，刚中之柔也；而吴人怒骂，复自有其厉声疾语，又柔中之刚矣。"①这种差别在南北民众之心性和生活习惯，以及在艺术风貌上，都有显著表现。比如南北方在文学上的差异，远有《诗经》与《楚辞》之别，到现代则有京派与海派之分。此种意义，当然与其自身所处的地理位置有着极为密切的关联。

纯粹地理意义上的河流与人们的思想与体悟融合在一起，这一现象颇为有趣。江河使得人们的生活有了地理的隔离，并由此形成地方意义上的文化差异。但正是因为这样的自然隔离的出现，他们各自得到了不同程度的发展，也有了不同色彩的文化面貌。

就江河的自然存在而言，在江河的源头或转弯之处，比如三江源地区，人们大多会建构出跟神圣性观念密切相关的意义，并通过某种社会与文化的组织形式予以表达。而在水静流深的江南地带，河流则引导人们去思考如何创造更富足的世俗生活，却并不足以让人们去构想出一种冷峻超拔的神圣生活的可能性，尽管在这些地方，并不缺少某种由外界输入的超验观念之可能。在江河中下游，在其两岸生活的聚落，民众世俗性的追求大多会远胜于其形而上的求索，即使有山川崇拜，亦为如何增益财富、保佑平安、调养身心为目的，即与一种世俗性的文明密切相关。由是观之，尽管人不是完全顺应于自然的存

---

① 钱钟书：《管锥编》（第1册），中华书局1979年版，第16页。

江河之上
三江源的历史与地理

在，有意或无意之间，就会依照自然的存在，为自身构造出某种意义。

高原和水乡的差异也是由此产生。长江与黄河，经年累月日夜流淌，并驾齐驱互相影响，逐渐形成相互补充渗透的文化体系，也决定了它们的文化表达，包括两岸人们的精神特征和民族性格，也都变得千姿百态。近代有文章说："假如说黄河是中国的产母，那我们就可说长江是中国的保姆，而且在文化上讲起来是更确切。"[1]

"三江源"一词同样是一种象征、一种意境，是悠远、辽阔与坦荡的代名词，是未经现代文明熏染的地方，是大江大河从无到有生发的源头，是人类文明发育初始的隐喻。在难以逾越的山重水复间，三江源是精神的"异域"，它超出了我们的经验，成为一个让人遥望与反观自身的地方。在历史和时间之外，它不再被置于发现或开发的现实判断之下，它与灵魂有关，昭示着在历史和地理之外更为浩瀚的可能。它的存在，仿佛不是为了印证自身的"有"，而是为了印证我们的"无"。

刮了千年的风在高原上经久不息，炽热的阳光和巍峨的雪山依旧，一任时光带走全部的历史岁月、风华人物，将一切雄伟坚硬的东西消解和风化。古道已然壅塞，河床未改，沿途有新的水源注入，流淌到现代。这雄奇的山与水，深刻地影响

---

[1] 贤汾：《我们的河流：长江》，载《学生》1944年第3卷，第2期。

着人们的生存法则与思想样貌。常年在藏地工作的作家马丽华说:"在这块对于人类生活有着尚未被人们认识到其深远意义的地方,思考有关人之初最根本的问题,是很适宜的。"

源头到底是什么? 它在何方? ——人类起源于混沌渺茫无从记载也无所记忆的年代,为后世留下了无数难解之谜。后人也就怀着乡愁般的冲动,上下求索,道阻且长。峰峦之上,云遮雾绕,举目远眺,河面或宽或窄,涛声时缓时急,直到视野不及的处所,我们在一次次体悟到自己的渺小之时,也逐渐触碰到世界与时间的终极意味。

"源"文化,从某种意义上来说,正可视为中国文化的母体文化。

所谓"源",就是祖先居住过的地方。

用海德格尔诗学解释来说,"接近源泉之地",就是"接近极乐的那一点"。

我们精神上的"源",就是我们心灵的始源,是灵魂深处最柔软、最自然舒适的栖居之所。

江河之上
三江源的历史与地理

英雄梦寻

智者周游列国所收集的

撒在大地的穷人的珍宝

那些以低声耳语传播的

比富人的金卷更为奇妙

——更敦群培

　　探索三江源"地方的意义"，绕不开英雄史诗《格萨尔》。这部作品系统讲述了藏族祖先从最原始的分散群居直到整个民族统一的历史过程，以其卷帙浩繁、场景壮阔、结构宏伟、诗文绚丽的突出特征，享有"东方的《荷马史诗》"的美誉，是世界上最长的一部英雄史诗。许多精彩华章如《天界篇》《英雄诞生篇》《降魔篇》《地狱篇》等，更是在江源地区广泛流传。

　　中国最早使用"史诗"术语的人应该是章太炎，所谓"韵文完备，乃有笔语，史诗功善，后有舞诗"，包括民族史诗、传说故事、短篇歌曲、历史歌咏等。"盖古者文字未兴，口耳之传，渐则亡失，缀以韵文，斯便吟咏，而易记忆。意者苍、诅以前，亦直有史诗而已"（章太炎《正文杂义》）。西方则有一个很有意思的学术名词"史诗魅影"，指的是史诗文化对意识形态的影响。在《反怀旧》的访谈中，福柯指出："历史怎样才能把握自身的话语，把握过去发生的事情？除非通过史诗这个程序，也就是说，用一个英雄的故事来讲述。"[1]《格萨尔》即是如此，这是一部由人民集体创作的活形态英雄史诗，到如今已有1000多年的历史了。故事起源于氏族、部落、部族和民族之间的战争，主要讲述了格萨尔王从天界降临，以其非凡本领带领藏族人民与各种自然灾害及来犯部族做斗争，并逐步扩展疆域，最终实现藏民族大一统的丰功伟绩，三江源地区的历史人文，大多能在这部全世界最长的史诗里找到源头。

这片大江大河阻隔缠绕的土地，呼唤着山川湖海的精灵和魂魄，从最初的格萨尔时代开始，就与各种各样的神话因素有着密不可分的联系。《格萨尔》史诗从远古走来，在祭天祭神的宗教仪轨中，契合着与原始信仰相伴而生的神秘，丰富多变的唱腔，光怪陆离的古战场，悲欣交集的英雄泪，色彩艳丽的古代装饰，斩杀妖魔的气壮山河，还有格萨尔王很通俗、很接地气的情史等，使藏地的人们得到了无比的精神愉悦和享受。在三江源，几乎每个当地人都会讲格萨尔的故事，也有着异常罕见的跨文化传播方式。

据青海省《格萨尔》研究所的统计，青海省内有200多名说

---

① 〔法〕福柯等著，李洋等译《宽忍的灰色黎明：法国哲学家论电影》，河南大学出版社2014年版，第290页。

唱艺人，主要分布地区正在玉树和果洛。这两个地区说唱艺人的重要特点是，不但人数多，而且包括了各种类型，比如托梦、藏宝、掘藏、圆光等。《格萨尔》史诗更有不同的传承方式，如格萨尔藏戏、格萨尔唐卡、格萨尔音乐、格萨尔石刻、格萨尔服饰、格萨尔彩塑、格萨尔信仰器物、格萨尔歌舞剧等，同时也是各种民间艺术形式的混合体，民俗文学、民间文学、经院文学相互参证彼此纠缠，传统与现代相互依存又相互建构。

《格萨尔》规模如此庞大，蕴含信息如此丰富，与其独特的传承方式是分不开的。这部产自民间并流传于民间的史诗，其最基本、最主要的传播方式就是靠民间艺人口耳相传。在治多县，就曾出现过多位风格各异的说唱艺人。他们实际上是歌剧表演艺术家，通常头戴四方八角的高帽，上面插满艳丽羽毛，他们的心绪像雄鹰一样翱翔在高原。他们不是出生于世袭传承的格萨尔说唱世家，而且大多是从未上过学的牧民，一旦说起格萨尔史诗来，就像激情澎湃的诗人；一旦将心态调整到最佳的说唱状态，所有的听众都能够强烈地感受到他们高山流水般的激情和灵动。有经验的说唱艺人，还对每一位作品中的人物都定制不同唱腔。这些唱腔有的雄浑，有的诙谐，有的委婉，视于人物性格与情节发展而定。

一个生长在偏僻山村和牧区、目不识丁的农民或牧民，为什么能够讲述十几部乃至几十部史诗故事，吟诵十几万、几十万，乃至上百万诗行？若将他们的唱词全记录整理成文，有几百万乃至上千万字，那规模将是极为可观的。他们是怎样学唱、怎么记忆的？这样的艺术天赋，令人惊叹；惊叹之余，也使人感到疑惑不解。

现在，一位格萨尔说唱艺人的去世，就如同带走了一座民族记忆的博物馆。因此，抓紧对说唱艺人这些活化石、活档案的说唱记录以及对艺人本身的研究都显得尤为紧迫。

什巴是从太古始，什巴成于混沌中

先有风摇火蔓延，接着海洋大地生

《格萨尔王传·汉岭传奇》

英国文化地理学者迈克·克朗曾说："文学作品并非是对人世景观的简单描述，在有的情况下，它甚至帮助塑造了这些景观。"恰如多数人对一个陌生地方的了解，是通过当地有代表性的小说而非亲身经历一样，一部优秀的传世之作，会深刻影响人们对地方的理解。在不自知中，三江源的说唱艺人凝视着古老民族遥远的历史，凭借不动声色却暗流涌动的言辞，娓娓叙述诸多人物的生死悲欢、神秘轮回，构筑一个如梦如幻的原乡。

《格萨尔》也为我们提供了一个诠释大自然的思维范式，

即混沌初开、天地生成之际，山峰、森林、大地等自然环境的形成；同时又在其中暗藏了一则则民族的寓言，为三江源地域历史与现实间的血脉连接着绵延的精神管道。在格萨尔说唱艺人声情并茂的叙述里，古老的英雄复活了。他复活在汩汩流淌的血脉里，那是三江源人民与生俱来的激情和勇敢；他复活在久远的记忆里，年年岁岁，格萨尔的传说陪伴江河源头的人们长大，英雄的勇气和智慧，奔涌不息；英雄的威武和坚强，代代相传。

格萨尔作为雄狮大王，他的寄魂物就是阿尼玛卿神山。在《格萨尔史诗·霍岭之战》中记载，当岭国人发现雪山顶上那常年不化的积雪融化了，白白的雪山顶上出现不少黑点，就预感到要有灾难降临。果然，不久霍尔军队入侵，给岭国人带来了劫难。至今果洛老人们仍然重视观察阿尼玛卿神山，那是格萨尔的寄魂山，据说有向人们预示吉凶的作用。寄魂物一般是与人相关的动植物，如树、湖、石、山、箭、宝石、牦牛、盘羊等，树枯、河涸、山崩、石碎、牲死，则预示人将遇到灾难，这是一种人与自然万物息息相关之生物链理念的原始表达。

唱《格萨尔》的艺人们，有的是经过后天的传授，或习读有文字记载的少数史诗文本从而会讲唱，有的是在耳濡目染中自我领悟，而有的则是带有神秘光环的"神授艺人"。这些"神授艺人"往往是突然由普通人变成能一口气讲述好几部史诗的神奇人物，突变转机通常是生病、灾祸、做梦等事件。在三江源，当地人将像才仁索南那种因"梦境奇遇"而学会说唱《格萨尔》的艺人，就称为"神授"艺人。

拥有"神奇传闻"的史诗歌手，都是根据梦境、铜镜或心脑中出现的意象演述史诗，但幻境中的史诗现场或史诗文本，并不是招之即来、挥之即去的。史诗歌手必须经过类似于"请神降神、表达诉求、送神"的仪式过程才能顺利地演述史诗，且不论这个过程如何，对于史诗演述而言它是不可或缺的。他们坚称是神对自己托梦，而听者又确信不疑。与此同时，《格萨尔》在不同的艺人口中，呈现着不同的形态。众多出身不同的艺人，加之口耳相传导致故事变异的必然性，是史诗产生多种版本的主要原因。

歌德说："人们称作主题的东西，本来是一种曾经重复并将反复出现的人的精神现象，诗人作为历史的现象来证实。"我们不能否认梦在记忆格萨尔故事中所起的作用，如果经常梦到史诗的情节和唱词，可能真有助于对史诗的记忆。同时，那富有想象力的奇异的梦，也为艺人说唱增添了传奇色彩，体现了民间艺人对史诗的丰富和发展所做的创造性贡献。

文学作品的"主观性"常常不是缺陷，事实上在很多情况下，正是这种"主观性"，言及了一个地方更深入的价值与意义。所以，在史诗歌手研究方面一味纠结于"神授"的真实与否,似无太大必要。从文化地理的角度来说,就江河的自然存在和普遍意义上看,在江河的源头或转弯之处,人们通常会建构出许多跟超验性体验相关的思想与艺术创作,这是不足为奇的。读者要进入格萨尔说唱艺人的世界,只需懂得一点心灵的魔术即可。

在《格萨尔》的传承系统探讨中,梦是完成"神"与史诗歌手"神秘互渗"的媒介。现实和理想的距离遥不可及,梦在某种程度上,是比真实更为重要的一种存在介质。在梦中,史诗歌手见证了史诗中的壮阔场面,更企图以此虚拟时空的建构来抵抗遗忘、阻遏时间之流逝和劫毁。也只有在梦中,历史记忆和信仰实践才会表达得更加富有情节性和戏剧性。

梦在艺术创作中的巨大作用,已经得到很多人的证实。我们以为这些神授史诗歌手似乎都不自觉地被动化,好像他们是被操纵的傀儡。实际上,史诗歌手在进行史诗演述时,也将自己全部地融入其中,他们每个人身上都残留着先祖莫名的羁绊,都承载着时代无形的冲击,都品味着本民族怆然的心曲,如同一部绚丽多姿的古老剧目,闪耀着令人感怀的民间品质。

如同此岸跨不过彼岸,奇幻的说唱艺术,在青藏高原以勃勃生机的活态传承了上千年,成就了一份珍贵的精神遗产,与此同时,也多了一层面对现实的无助和彷徨。超自然的力量和意识,更有力地表明了人们对社会现实难以驾驭、无力干涉、充满宿命的情绪。

但无论如何，在《格萨尔》说唱艺人的表演中，我们能体验到一种时间的纵深——时间不再是客观和自然的，而是被编入一个神秘的世界图景中。当然不同于《荷马史诗》里循环式的时光，《格萨尔》是开放性的。在一个神秘又完整的叙事图景中，时间不再以均匀流逝的形态延展，而成了一条把各种人事联系在一起的神秘隧道。说唱艺人们虽然形貌、思想、传承渠道各异，但每一个人身上都满载着祖先的纷繁记忆。共享先祖记忆这一线索，让《格萨尔王》的传唱有了顽强的连续性，我们也可以据此直观地感悟三江源地区藏民族的文化传承脉络。

从史诗类型上来说，《荷马史诗》是海洋城邦史诗，印度史诗是热带森林史诗，中国史诗则有高原史诗、草原史诗、山地史诗等多种形态。另如突厥史诗《乌古斯传》、回鹘长篇诗剧《福乐智慧》、蒙古带有史诗特质的历史文学杰作《元朝秘史》等。曾有学者认为，公元前那一千年，世界上最伟大的史诗当属《荷马史诗》，公元后第一个千年，世界上最伟大的史诗是印度史诗，公元后第二个千年，世界上最伟大的史诗是以《格萨尔》《江格尔》《玛纳斯》为代表的中国史诗，是人类伟大的口头文学艺术中最有价值的样本。

《格萨尔》史诗起源于辽阔的三江源地区，在传承和流变中不断丰富内涵，是活态史诗的样本。出于"江河源文明"的英雄史诗《格萨尔》，始终呈现出一种开放形态和未完成状态，除了藏族，在蒙古族、土族、裕固族、纳西族、白族等少数民族地区也有着独特的印痕，甚至在不丹、尼泊尔、印度、巴基斯坦、蒙古、俄罗斯等周边国家和地区，也有交融与传播的民间记录。作为一个研究种类，其学科边界也一直处于变动中，更以其高原文明的原始性、庄严感与神秘意味，引发学界进行更加广泛的深入研究。

由于强大的史诗认同，玉树、果洛等地的民众，愿意称自己是格萨尔王的后代，尽管谱系不明，但强调了共同的祖源。虽然格萨尔王的时代距离当今已不知多少春秋，但在三江源牧民心目中，格萨尔王依旧是守卫这片土地的天神，依旧在引领着牧民们的自我认同、草原认同和家园认同。尽管面临了现代转换的阵痛和撕裂，依然是草原、大地、母亲、族群、神话这个序列上重要的意义链条。

文化记忆以类似于集体灵魂的价值观念体系为核心，在时间结构上具有绝对性，对民族主体性的形成有着直接的影响。在文本和仪式的互动中，《格萨尔》以多种形式流传，如伏藏、手抄文本、刻本、绘画、说唱、创作等，具有可保存、可选择、可强化、可重温的特点，在不经意的世代流传间，塑造着一个民族的整体意识和气质，甚至不局限于三四代之内世代记忆的限制。这样的记忆功能，保持了群体的凝聚力，提升了个体的自豪感。无论是一觉醒来受神所托学会全本《格萨尔王传》的说唱老人，还是普通牧民，史诗《格萨尔》指示着"现代文明"之外的自然生存方式与想象空间，那雄奇的想象和奔放的传奇色彩，也是三江源边地少数族群对中华文化和中国文学做出的贡献。

2009年，《格萨尔》史诗成功入选世界非物质文化遗产名录。2010年，那曲地区成为自治区级"格萨尔传承基地"。2014年，联合国教科文组织确定《格萨尔》为世界级非物质文化遗产。这一伟大文本，成为了族群文化多样性的熔炉。

世界五大史诗的研究在很长一段时间以来，都陷入了"见物不见人"的困窘。大家在惊叹于古巴比伦史诗的悠远、《荷马史诗》的恢宏、印度史诗的深邃的同时，对那些传唱史诗的歌者没有给予太多的关注，这些歌手的身世、经历，都被淹没在时代的进程中，最终悄然消亡。史诗歌手的重要性，不要等到他们全部消亡了，我们才恍然意识到。

海德格尔说："语言乃是家园，我们依靠不断穿越此家园而到达所是，当我们走向井泉，我们穿越森林，我们总是已穿越了'井泉'字眼，穿越了'森林'字眼，甚至当我们没有说出此字眼和没有思考任何与语言相关之物时。"《格萨尔》史诗，是江河文明可持续发展的见证，是江河源人民一种心智向善的精神努力，这种超越世俗生活的精神创造，年年岁岁，化成了他们民族精神的血液。在玉树等地区，几乎所有史诗歌手都会在神赞结尾处大声念诵这样一首祝祷词：

即使有那么一天

飞奔的野马变成枯木，洁白的羊群变成石头

雪山消失得无影无踪，大江大河不再流淌

天上的星星不再闪烁，灿烂的太阳失去光辉

雄师大王格萨尔的故事，也会世代相传

读着这样回肠荡气的诗句，真让人产生无穷的感慨，人与历史、与传统之间敞开神秘的交流，一种源自本民族文化特质、血缘继承的精神原乡意味，已是呼之欲出。遥远的祖先记忆很神奇地一再醒来，使三江源的后人们，能够一代代穿越父兄走过的漫漫长夜，世间万物迎来了重生的光芒。来自英雄祖先的命运之光，照亮了原本黯淡茫然的归乡之路。

茫茫转经路

现在没有一样东西是名副其实的，比如现在，人的根早已从土地里拔了出去，人们却在谈论故乡。

——卡夫卡

西藏作家扎西达娃在小说《西藏，系在皮绳结上的魂》中讲了这样一个故事。说一个叫塔贝的年轻人，在一个老人的指引下，去往喀隆雪山，寻访莲花生掌纹地之外的一个神秘所在：香巴拉。这位老人告诉他，凡人只要走到那里面就会迷失方向，在无数的沟壑中，只有一条能走出去，其余的是死路，那条生路没有任何标记。塔贝的目的，就是穿过莲花生掌纹地，到达香巴拉。在流浪的途中，塔贝遇到寂寞的牧羊女婥，婥于是跟着塔贝一起流浪。每过一天，婥就在皮绳上打一个结，以此形式计算她离开家的日子。塔贝最终死在了路上，而"讲故事的我"则代替了塔贝，婥跟在"我"后面，一起往回走，时间又从头算起。

这部作品开启了对藏人时空观念与生命状态的上帝视角，折射着高原历史的厚重、神秘与苍凉。高原是神灵启示之地，神秘且充满野性。在这个传奇的世界中，在其独有的文化意识里，在峻厉的大自然面前，人们用智慧和权谋以及一切心机制造的悲欢故事，无不像尘埃一样，沉浮在永恒的轮回里。

此刻，高山耸入云天，笼罩若有若无的绿色，红色石头组成的山脉连绵不绝。在有的路段，戈壁茫茫，沼泽和盐碱地无边无际，不生草木，死一般沉寂。铅云欲坠、遍野苍黄之际，一群僧人穿着赭黄色的服装，赤膊从我身边走过，这片古朴的土地顿时生动起来。

英国思想家斯图亚特·霍尔说："事物'自身'几乎不会有一个单一的、固定的、不可改变的意义。"在认识同一块土地时，我们可见存在着多种象征意义在支配着我们的生活。稍稍深入一下风雪弥漫的江源牧区，会明显感到两个世界：物质世界和超现实的精神世界。在三江源地区，藏传佛教主要集中在各类大大小小的佛教寺院中。神与佛在此间合流，两个本来对立的超自然系统，相辅相成地成了意识形态的上层建筑。

三江源地区90%以上的人口是藏族，几乎全民信奉藏传佛教。作为佛教的一个主要分支，藏传佛教已经在中国的藏区、蒙古、图瓦、不丹、尼泊尔北部和印度北部等地区流传了上千年。

在藏传佛教形成和传播之前，三江源地区已经存在其他宗教和文化，在此后也是如此。即使是在吐蕃统治时期，华夏文化还是有着巨大的影响，在文化艺术方面有着明显的汉藏合璧现象。随着时光的流转，回族、土族、撒拉族、蒙古族等族先后迁入，潜移默化地改变着青藏高原的人文环境。独特的青藏文化最能概括出三江源地区历史文化的共同特征，因为这里的地理环境在中国和世界都是独一无二的，任何类型的文化，无论是本地产生的，还是外来的，都必须适应这样的环境，它能够延续至今，就证明了这一点。

　　在三江源，我们是想静下来求得一种反思，企望获得一种特别的历史深度和一种开放的文化立场来理解人类生活的不同可能性，同时希望这种理解，能够启发我们深入地了悟所处时代的更多问题。酥油灯、唐卡、转经、转山、转湖、挂幡，面对这一切，心里很是宁静，我们能够用越来越平和的文化相对主义的心态去平等面对。其实这很好理解，在前现代的三江源，一个牧民一生中交往的人可能只有区区十几个（尽管没有包括在朝圣路上和寺庙仪式上见到的人群），在漫长的岁月里、在质地粗粝的时空中，他们接触最多的，除了一些亲友，就是山重水绕间的"神灵"。

　　当听到神山圣湖的传说时，当看到牧民手摇转经筒，听到口念六字真言时，当五色经幡在风中猎猎作响时，面对蓝天高原、雄峰深谷、大湖大河，人们更容易感到自身的渺小。雪灾、大风和沙尘暴、低温干旱、冰雹、洪灾、雷电、鼠虫害，是三江源地区最频繁的自然灾害，面对峻厉的自然环境与法则，宗教感也的确容易滋生。从接受心理的角度看，越是超现实、超自然的东西，越是神秘，人们越喜欢，更乐意接近，以便从中吸取某些现实生活文化里所缺乏的但又为人性所渴望的精神要素。

在阿尼玛卿雪山，现在还能看到磕长头者，他们的行程需要一个月到两个月不等，穿着藏袍、裹着围布、带着护膝，双手套着木板护掌，满面风尘，每磕一个头，就在前面划一道线，作为下次起步的计量，绝对不会跳过一点距离。说他们是用身体和心灵深情地丈量每一寸圣地，绝不为过。这是身与心的隆重供奉仪式，这种在神山和圣湖间的野外苦行，被认为是人类和神灵交往互联的通道。

这是一种充实，一种抚慰，一种寄托。设想要是江源地区没有宗教信仰，广袤的草原都会变得单调；而没有了信仰之光的照耀，连游牧生活都会失色不少，而且会加重人们的孤独感和在自然之前的渺小感。抛开形而上的意义不论，假如没有信仰力量的加持，假如没有更好一些的、关于来世的承诺，生活肯定会更加艰难。

四季的变迁和草色的转变意味着牧场的轮换，牧民的生命在高原上轮回。他们往往只有群体记忆，不外高山与江河、牛羊与草原，那就是他们共同的家园。浓厚而独特的神话氛围，使山有了生命，进而成为神山；神山之灵，便是山神，常以动物或人的形象出现。山灵半神半人，而且还很感性，有的高尚有的卑微，有的暴戾有的冷漠，个性都很鲜明。神山崇拜内里也是一种天地人神谁都不得罪的世俗主义，精神的皈依当然首先是对于安全感的寻求。

在渴求增加安全感的同时，个体卑微有限的生命，也会开始产生融入崇高和无限之中的热望。历经千余年佛光的浸润，一个形而上的精神存在构筑而成。这一存在实质上已超越了本体的价值，超越了本义。三江源的佛教信徒们既能精研佛理，弘扬佛法，又可研磨藏族的语言文字、天文历算、医药卫生、工艺美术、舞蹈雕塑等各学科的学问。山野间高高低低的玛尼石堆，迎风招展的五色经幡，转山朝寺的人流，敬神拜佛的袅袅香烟，山坡河谷错落有致的粉墙民居，山巅坡地的黄色佛寺，以及不断涌现的高僧大德……这些使佛教的光芒深切穿透了这里的每一寸土壤，化合在世代相传的尘世观念之中。

天地同根，万物一体，法界同融。我尤其认同江源地区的宗教与神话在保护自然方面的积极意义，不能小看它们的力量，几次考察，亲眼见证了源区脆弱的生态环境，而正是宗教与神话给人的独特立法，人不能随意进入神山圣湖，这可能比巡逻队执法要来得可靠。江源区域的人们遇到圣物（寺、塔、修行地、神山圣湖、玛尼石堆）就转，并且认为"虫草是山神的肠子""贝母是山神的心脏"，不能挖虫草和贝母创收的观念，有人称这些为"不自觉的保守的生态保护主义"，这样的生态保护意识原始而可贵，同时也让我们进一步对三江源的本质与源头产生敬畏之心。

英国学者克莱夫·贝尔曾经如是说："艺术和宗教是人们摆脱现实环境达到迷狂境界的两个途径，审美的狂喜和宗教的狂热是联合在一起的两个派别。艺术和宗教都是达到同一类心理状态的手段。"我也很赞赏三江源地区那无与伦比的创造性艺术思维。的确，比较起其他地方，生活在三江源的人们，似乎更具备形象思维和梦幻意识。且不说遍及民间颇具宗教表征的建筑、壁画、雕塑，仪式上所需道具、面具、服饰和法器，无一不具有艺术品质；即便是寻常百姓，从民舍、门楣、房梁、藏柜，都布满着鲜艳夺目的超现实图案，闪烁着藏传佛教生死轮回、灵魂挪移等神秘文化现象。他们看重富有神秘主义色彩的心灵感应，内心里有如艺术家的浪漫与形象性的思维方式，其成分明显多于内地民众。

显然，这多半是地理因素造就的。空间环境混淆了天国与尘世，混淆了藏民与探险者、神祇与幽灵，大家各奔前程，各安天命。

但三江源之于我们，却不再只是一个地理概念，不再只是一种狭义的"个人体验"。最神秘的也是最明朗的，最烦琐的也是最单纯的，最无心的也是最难以忘怀的——更何况在这一过程中，能够有缘分与三江源地区生长起来的人们相逢，在一定的空间里参与了他们的生活。

我们带着探寻的目的走上三江源，但是，我们只走了一半，我们只能深入到达一半的地方；余下的一半，则是若有所思地走出。

熟悉的地方没有风景，人们总是将目光投向远方。其实，哪里有什么世外桃源，哪里有什么经验之外的精神净土，远方依然是人间烟火，只不过是换了另一个人群。万里红尘，没有谁可以置身事外。

三江源提供给人的自由与孤独，呈现的是一种剥露到本质的生命。三江源修正着我们的梦想，同时为我们喻示着一个尘世意味的源头，使我们在山穷水尽的时候，能够最终回到理性与智性的层面上，如同那些世代居住于此的人们那样，在高地上安置好自己世俗的家，并对人类与自然合作谱写的生命之诗，同声吟唱，并由衷赞美。

大自然并不因谁的存在而存在。即使没有人类，它依然自给自足。尤其在这须仰视才得见的高处，我们无须把任何事物虚构为神，任何人都只有老老实实地承认，自己是一个凡夫俗子，或者说，是自然之子。大自然毫无区别心地包容了一切，当然包括微不足道的我们，以及我们更加微不足道的个人命运。这也是对河流、山脉的最终理解，也是与自然的和解，又是对自身的解脱。

当然，这样的信念需要我们以某种方式不间断地给以加持，就像不时要给酥油灯盏添油一样。

人为的条件可以改善，但心理准备和物质准备即使再充足，我们需要面对的自然条件依然没有改变。我们照样得忍受5000米以上严重的高山缺氧。头晕失眠举步维艰倒也罢了，还要不时面对突如其来的暴风、骤雨、陷车等意外，人在高处，才会充分明了生命的脆弱，平时在生活和工作里看重的一切，在这里都显得无比可笑，提都无法再提。

人在高原，一直感到缺氧，并不难受，只是像做梦一样变得恍恍惚惚，神魂分离，说话办事总感觉是另外一个人在行动，不是自己。似乎灵魂就在身体之外不远处，宁静、关切，却无力拉回或关涉，同时就像身处不同的梦境空间，连一小时前所做的事都难以回忆。"吃饭莫饱、走路莫跑、睡觉莫高（枕头）"，是进高原后大家相互告诫的经验教训。

有一个高原缺氧导致的真实悲剧，那时青藏线还是非常艰险的土路，一位卡车司机行至垭口，车的后轮胎突然爆裂。

司机下车换轮胎时，稍一用力，就消耗了大量氧气，加上旅途劳顿，等到把轮胎换好，司机竟然累死于巴颜喀拉山垭口。由此可见，高原环境对人身体的极限是多大的挑战。

在查旦乡即将返回杂多县的那天，我整个人蜷缩在大通铺上，冒着虚汗，觉得撑不下去了，人的生理极限在冷热两极中受着煎熬。身边的同伴正在高烧中呓语。而隔壁的房间里，我们的队医、向导和司机却在和当地人传出阵阵欢笑，高原的一切对他们没有影响，这也是他们与高原的自然气候最大的默契。其他我所认为艰苦的一切，对他们而言，也都属于生活常态。不管时间如何流逝，外界如何变化，酥油茶和糌粑就足以使他们满足，他们兴致很高，笑语喧哗。我默念着他们一个个喜气洋洋的名字，尼玛（意为"太阳"）、达瓦（意为"月亮"）、扎西（意为"吉祥"）、索南（意为"幸福"），如是等等，心情难以言说。那一瞬间我心悦诚服地意识到，三江源，可能更是属于他们的。

寻根三江源的经历，就像风一样飘过，被时间消融了。我无力描绘出三江源终极的风景和精神。牛羊、帐篷、藏獒、骏马、神山、圣水，所有的回忆，就像一幅唐卡上流云一样变幻的图案。只是刚回来之后的几天的时间，感觉自己都未走出高原。我长久地忆念着，这片土地的亘古长存，以及它的变动不居。一恍惚间，仿佛自己仍行走在高山大川之上，那里是千山之巅，也是万水之源，几百万年来深厚的高原季风仍在呼啸，我听到有唱赞的梵歌在江河边、山坡上升起，流淌着蜜与奶的家园温暖明亮，森林里云雾蒸腾，新鲜的阳光在一瞬间穿透身心。

第四章　荒野呼唤

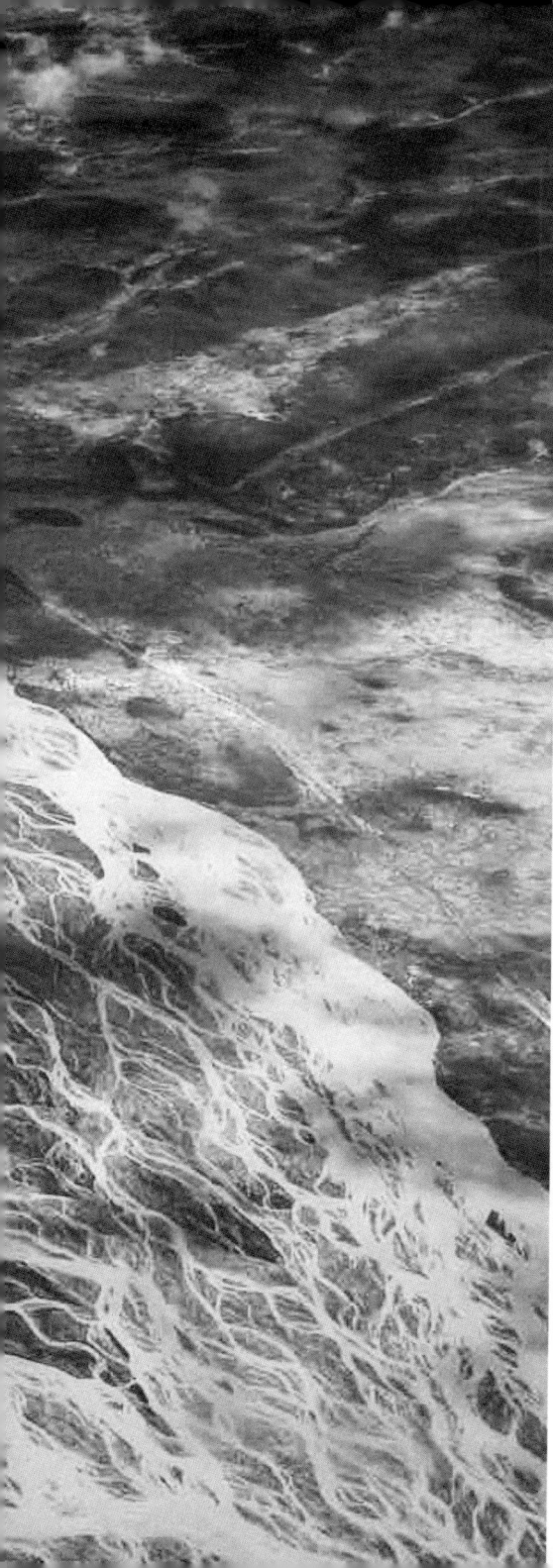

游牧与栖息之地

自然是所有真知的源泉。她有她的逻辑，有她的规律，她不会无缘无故，也不会无中生有。

　　　　　　　　　　　　　　　　　　——达·芬奇

　　机翼穿云破雾而出，飞越青藏高原东缘，机翼下面的云层便渐渐稀薄，视野逐渐变得清澈透亮。凭高望远，大地如莲，托举着群山无声怒放。云雪相连，银白色的光，给峭拔山峦覆盖上了诗意的柔和。

　　这是巴塘草原的天空，极目俯瞰，苍山如海，涓涓河流如缕如丝，缝缀在连绵起伏的群山之中。大气稀薄，天低云密，因为人在高处，反而看不到过于高拔险峻的大山，不过随处可见微小柔韧的溪流和宁静自足的湖泊。

　　在我们印象里高寒干旱的青藏地区，其实是我国河流数量最多、水量最大的地域之一。据早些年的考察统计，西藏境内流域面积大于100平方公里的河流就数以千计。在藏北，大大小小的湖泊也是数以千计。青海西部，也是一个湖泊密布的世界。三江源的湖泊一说有1800多个，面积大于0.5平方公里以上的湖泊就有188个。可以说，这里就是湖泊的王国，占去了中国湖泊总数的近一半。

20世纪80年代开始，三江源地区的生态环境遭到严重破坏，由于连续干旱等因素，很多地方草场退化的程度，到了令人忧心的地步。几十年间，三江源地区4000多个湖泊中半数以上枯竭，冰川干涸萎缩，这对青藏高原乃至整个亚洲的气候产生了深远影响。

黄河源头，藏语称"玛康岭"。在英雄史诗《格萨尔》中，"玛域"就是指果洛一带。黄河之水被称为"玛曲"，地名"玛多"，即指"黄河流经的地方"。

果洛州玛多县湖泊成群、湿地连片，历史上素有"千湖之县"的美誉，拥有大小湖泊4000个，最负盛名的扎陵湖、鄂陵湖就在县境内，被称为黄河源头的姊妹湖。由于这里湖泊很多，当地牧民就把这些湖泊比喻成满天繁星。

曙光初现，高原寒气弥漫开来，扎陵湖泛着微光，远方的鄂陵湖湖面一片青碧。黄河就从这里缓缓流出，再流经玛沁、达日、甘德、久治等县，蜿蜒曲折，平缓逶迤，在阿尼玛卿雪山下转向，过达日县后折返东流。切木曲河、格曲河、西柯曲河、达日河等大小河流均注入黄河。

黄河源头长大的孩子，都亲历过难忘的时世变迁。20世纪60年代，远山风景如画，河水清澈欢快，草场长得好，牛羊吃得饱；80年代、90年代，一些山脉逐渐变成黄褐色，光秃秃的，河床多次干涸，牧民守着源头没水吃，也没地方放牧；接下来的几年，草场尽管禁牧了，但沙化、退化、鼠虫害依旧层出不穷，种草的效果也不明显。很多冬季草场沙化情况一年比一年严重，夏季草场稍好一些，而岩羊、野鹿、野驴又防不胜防，牧草还不够它们吃的。

自20世纪50年代以来，青藏高原的有蹄类动物分布范围发生过较大幅度的萎缩。藏羚羊、野牦牛一度广泛分布于整个青藏高原，后来主要生活在羌塘到可可西里无人区及其周边区域。牲畜放牧的扩张，肯定是一个重要的原因。举例而言，20世纪60年代的措池村，那时还是无人区。栖息地破碎化对动物还是有影响的。

牧民们生活在人与自然博弈与妥协的最前沿，在他们身后，是人类智慧与反思的最突出体现，他们面前的土地，就是地球仅存不多的超级荒野、举世罕见的野生动物家园。

在牧区，牧民的全部财产就是牲畜、房屋，但是这些财产却经常受到棕熊、狼、雪豹、狐狸这些食肉动物的攻击。牧民家遭受侵袭是屡见不鲜的事。人类活动与野生动物的生存空间，如果有了越来越多的相叠与挤压，就会经常出现资源竞争，甚至直接爆发冲突。在牧民看来，人类才是弱势的一方。的确，人类活动区域不断扩张危及野生动物的生存，而牧民受到野生动物的侵扰，同样也是受害者。在三江源辽阔的土地上，人类与野生动物该如何共存，是一个重大的命题。

过度放牧还被认为是荒漠化的主要原因之一，人类的活动也加速了青藏高原的荒漠化。曾经是亚洲主要的水源地，以后有可能变成世界上主要的沙源地，这个阴暗的前景令人忧惧。为打造青藏高原"绿色屏障"，政府启动了三江源生态保护与建设工程。除沙化治理、鼠害防治等20多个项目外，生态移民也是这项规划中的重要项目之一。

整个三江源自然保护区设置了核心区和缓冲区，这两个区域完全禁止人类生产建设活动。那些未被划进核心区和缓冲区的草场，也不再允许无节制地放牧。数万牧民告别了逐水草而居的游牧生活，从生态恶化区域内陆续搬迁。没有牛羊、藏獒，甚至没有拿帐篷、炉子和平时放牧用的工具，能留的都留给草原上的亲戚们了，那些没搬迁的牧人们今后还用得着。转经筒不停摇动，最后望一眼大草原，扯不断理还乱的离别终要到来。他们今后的身份，就是"三江源生态移民"了。这一别后，他们将在政府统一规划下在新的城镇定居点生活，身后这片草原即将成为禁牧之地。政策规划者和草原专家将保护这片逐渐萎缩的湖泊湿地，让退化沙化草场起死回生，重现绿色希望。在玉树曲玛莱县就有近两千人，家里的牛羊全部卖掉，迁至400公里外的格尔木南郊，开始了崭新的生态移民生活。

　　这是青藏高原有史以来最大规模的移民搬迁潮。政府希望他们能够永远走出高山旷野，他们和他们的子女能够有勇气到更远的地方、更大的城镇谋求发展。

　　贫困的关键因素不是土地，而是人本身。生态脆弱地区往往也是经济落后地区，如果生态移民没有自我发展能力，三江源地区经济和生态环境的协调和可持续发展将难以实现。第一代三江源生态移民自愿搬入城市的原因，也主要是为了孩子能接受良好的教育，在城市找到工作，即使这样的代价是要过比以前艰辛的生活。对于他们自己，有事干、有钱赚就好。

　　旧的生产和生活方式被摧毁了，急需重建。在草原上吃肉、喝奶、用燃料都不用钱，而现在花钱的地方太多了，但挣钱却不是容易的事。由于牧区低层次的教育水平，牧人综合素质及劳动技能普遍偏低，就业少渠道、发展少门路，当地牧民其实难以依靠传统谋生方式获取足以维持相当生活水平的收入。他们是以肉类为主食的民族，搬迁后一家老小一年到头也吃不了几次牛羊肉。在很长一段时间内，他们必然会受到生计难、增收难、融入城镇生活难等问题的困扰。

　　很多牧民祖祖辈辈，唯一的技能就是放牧。加上一项挖虫草，也完全是靠天吃饭，不稳定。政府部门组织过技能培训，主要是藏毯编织、玛尼石雕刻等。迁居对自身的切实影响以及生活的剧烈变化，年轻人面对的前所未有的就业压力，也会让一些移民的内心产生动荡。

面对变化的世界，有的牧民会觉得"我们还是在牧区生活更好，因为牧区收入是稳定的，有牛有羊，压力也不大"。三江源牧民的境遇，可能隐喻着最后一批"被现代化"者的无奈与无助。他们的眼中闪现着我们所熟悉的那种迷惘，好像是在说，我付出种种努力了，那么我还能做些什么？

在最初的那些年，《故乡扎陵湖》是一首被移民村里年轻人广为传唱的歌曲，尽管已经搬迁到了城镇，但是牧民们对于牧区生活的向往从来不曾消失，一些上了年纪的人更是如此，经常会梦到神山圣湖，梦回扎陵湖草原。

> 雪域安多地方，美丽迷人圣地，黑帐篷牧民住宅，就是我的故乡。
>
> 引人注目院校，玛域幸福学校，发展政教文明，就是我的故乡。
>
> 名声四大洲的，三江黄河源头，盛满牛马羊的，就是我的故乡。
>
> 《故乡扎陵湖》

高原客观上将人封闭在一块特殊、严酷的地域之中。草原牧人的真实生活，当然也并不是田园牧歌那样轻松。没有什么抉择是轻松无痛苦的，移民生活的重建，不是在异地恢复或重复过去的生活模式，外部世界的规则，正在切实地改变命运。

相对于生活环境改变带来的文化冲击和身份缺失，年轻一代的三江源移民更需要面对的，是城市化带来的住房、就业、养老等新问题。随着时间的推移，生活的重担将逐渐压在这些年轻人身上，想要实现成为一个城里人的愿望，还需要一两代人在这片土地上努力耕耘。他们与外界的接触和交流增多，眼界更加开阔，见识更加广博，观念和思维方式更能融入现代社会。

移民工程不是简单的人口搬迁，而是面临经济安全、社会凝聚、社区包容等多方面的风险，尤其对于三江源地区而言，还包含着少数民族传统游牧社会向城镇定居社会的社会机体演化的动态进程，意味着现代性要素的卷入、生活方式的全面转变和城乡空间体系的重构。与此同时，三江源地区的生态移民战略，还是一场改善民生、消除贫困的攻坚战。从"迁得出""稳得住"到"逐步能致富"，都是异常繁重的任务。

　　无论是哪根树木，根子是一起的/无论是哪条河流，源头是一起的

　　无论是牛群羊群，放牧是一起的/无论是年老年少，想

法是一起的

青海民歌

岁月淡漠地流逝，自2004年开始的三江源生态移民工程，转眼过去了十几年，牧民从草原到城镇，是游牧文化到定居文化，从身到心地完成了一次大跨度的跨越。

遥望曲麻莱三江源生态移民村，这座建在戈壁滩上的村庄如今安详静谧，院落里偶尔会传出熟悉的念经声，高原的天空依旧澄澈如洗。为守卫"中华水塔"安全，面对外部世界的现代化进程，无论是无奈、被迫还是积极反应，三江源移民做出了自己的贡献。

在格尔木市唐古拉山镇长江源村，就有当年几百名牧民，从400多公里外、海拔4700米的长江源头搬迁到这里。村里建了幼儿园，实施了供水管网、电网，燃气入户等改造工程，藏族民俗文化传承基地、环境整治等建设项目也搞得不错。比起搬迁前，长江源村人均年收入增加了十多倍。

政府开展了大量有针对性的教育和培训工作，比如普及本民族语言和汉语、法制知识、种植蔬菜、鼠疫防治、农机驾驶和维修、工艺品制作等方面。一些移民利用自身的资源优势做藏獒生意、虫草生意，个别移民做首饰买卖、开小卖部、跑运输等。

而他们共同守护的三江源生态环境也日益改善。与移民前相比，生态退化趋势明显缓解，生态服务功能效果显现，三大江河源头年均向下游多输出25亿立方米的优质水，出境水量有所增加，也保持着优良水质。扎陵湖、鄂陵湖的水位不断上升。禁牧的预期效果也在显现，水源涵养功能正在逐步恢复，草原产草量也有所提高。原本已经变成沙土地的草原重新绿了起来，野生动物开始频繁出现在草原上。这一切，都有着三江源移民无声的付出在里面。

　　虽然存在难度和争议，但实践证明，三江源生态移民在城镇集中安置是成功的。传统的民族资源与当地资源进行社会整合的过程中，没有因搬迁距离过远，而使原有的社会联系失落；从高寒地区搬迁到平原地区，由牧业改为以农业和手工业为主，生计类型、生活方式虽然发生变化，但原有的与高原相适应的民族风情与习俗，并没有完全消亡。无论发展经济还是保护环境，当地政府并没有通过移民将三江源地区的民族文化边缘化，造成文化上的弱势群体，三江源移民与这片土地，依然唇齿相依，难以分离。

　　从三江源移民，我想到了这片土地上一个古老的民族：羌族。

　　据《藏族通史》记，羌为炎帝之裔，是藏民族远祖。汉文古籍中称之为"羌"，正是从游牧的特征对草原地区民族加以描绘。《说文·羊部》解释道："羌,西戎牧羊人也。从人,从羊,羊亦声。"《常用古文字字典》进一步解释为"像一个头戴羊角的人"。羌人的先祖无弋爰剑,是秦厉公时的奴隶,逃亡回来以后,"河湟间少五谷,多禽兽,爰剑教之田畜"。汉文帝继位前,匈奴赶走本居于河西走廊的乌孙人和月氏人,羌人臣服于匈奴。在与周边民族及汉族政权的交锋中,羌人的居住地不断变化,环湖地区、玉树果洛草原以及柴达木盆地都是他们活动、生息的主要范围。

"羌"和被很多专家学者认为与之关系密切的"姜",多次出现在殷墟卜辞、《左传》《国语》《史记》等文献中。据《后汉书·西羌传》记载,古代羌人"所居无常,依随水草,地少五谷,以产牧为业,其俗氏族无定,或以父名母姓为号","堪耐寒苦,同之禽兽。虽妇人产子,亦不避风雪。性坚刚勇猛,得西方金行之气焉"。

后来出现木、色、冬、东四大种姓,这四大种姓又分离出许多新的部落群体。为了生存,羌族先民在高原上向自然条件较好地区扩散,寻找新的栖身之所。其中的冬氏18部落,从雅隆河谷迁移到藏北,再越过当时海拔不高的唐古拉山,抵达长江、黄河源头。黄河源区就长期为羌地,唐代河源区直至五代、宋、金时期,一直属于吐蕃领地。

当时整个青藏地区海拔平均高度在1—2千米左右,非常适合游牧部落的迁移环境。羌民作为初始发现和开拓刚刚隆起之青藏大陆的先驱部落，社会生产和人口得到迅速发展，在漫长的演进过程中，又从血缘氏族中分离出若干部落群体，逐渐分布到金沙江、黄河、渭河、澜沧江、岷江、大渡河、雅砻江及其支流流域地区。由于羌人在中国上古、中古历史上的活跃地位，由于羌族很早便出现在中国历史中并一直延续下来，这一民族没有如同上古诸多族群那样最终湮没在历史中。

羌族对中国古代历史特别是上古历史研究具有较为重要的意义。在殷商时期，"羌"是为商代人观念中的西方异族。这个西方异族概念，在春秋战国时华夏的形成过程中，逐渐演化为华夏的族群的边缘概念——"羌"或"氐羌"，在战国至汉代的华夏先民眼中，一直是令人心怀戒惧的异族。

然而时光不可抗拒地推动着融合，越来越多的西方羌族，加入了华夏的大家庭，这个古老异类的族群边缘，也随之逐步往西方、西南漂移。公元前202年汉朝建立时，古代羌人居住的河湟地区尚处于秦、汉帝国的西塞外，隋唐以降，吐蕃政权兴起，文化势力随之东进，"旧羌人"地带上大部分的部落人群逐渐汉化或吐蕃化，汉人观念中的"羌人"范围逐渐在缩小。及至民国，只有川西岷江上游一带，多少带着汉化痕迹的土著部族，在中国文献中被称为"羌民"。

历史记忆中的"羌"，经由历史长河的反复浸染，成为一个带着悠远时光气息的古老民族。其遗裔散布于汉族、藏族以及西北西南的众多民族中。至20世纪上半叶，对于这个民族如何划分，开始进入有待探索、研究的国族边缘。人类学学者更是对其民族变迁的主题感兴趣，在经济、社会与文化变迁过程中，什么才是促进这个民族转变的主要因素？

在我们的时代，人们既需要"寻源"，从根源处找寻真实的自我，也需要把握与开创未来。对三江源移民的认识，一面是清醒的现代理性，一面是执着深沉的文化感情。这个特殊的群体，呈现着历史的多元与复杂。历史与文化的交汇处，总会留下类似这样触动人心的变迁，迁徙与回归的历程，映射着个体生命、族群与天地、祖先、神灵的相应与疏离；映射着我们的情感依靠与生命背景。

山脚下有一条柔韧的河流，两岸大片河滩上的碎石与山脚相连。我默默注视良久，想象着一条大河，究竟是怎样拥有了无限的活力，一鼓作气，冲出无边无际的群山，去寻找外面的世界。苍山起伏，犹如大海的巨浪，记录着这片广大土地曾经的历史脉络，是那样的悠远而绵长。

牧歌 荒原 "阿卡狄亚"

> 一声深沉的、骄傲的嗥叫，从一个山崖回响到另一个山崖，荡漾在山谷中，渐渐地消失在漆黑的夜色里。这是一种不驯服的、对抗性的悲哀，和对世界上一切苦难的蔑视情感的迸发。
>
> 这个世界的启示在荒野。大概，这也是狼的嗥叫中隐藏的内涵，它被群山所理解，却还极少为人类所领悟。
>
> ——利奥波德《沙乡年鉴》

山野间随处可见高高低低的玛尼石堆，"玛尼"是梵文佛经《六字真言经》"唵嘛呢叭咪吽"的简称，"玛"在藏语中也有原初、根本之意，玛尼堆就是以石块和石板垒成的祭坛。刻有六字真言的藏文图案比比皆是，山间、路口、湖边、江畔，都有迎风招展的五色经幡，人类对于天和神的崇拜，在三江源地区得以彻底的舒展。

被大自然一种空旷、冷峻的美挤压着，视野里转山朝寺的踽踽行人，敬神事佛的袅袅香烟，山坡河谷零落分布的粉墙民居，山巅坡地间赭红色的庄严佛寺……看上去都有一种超拔高举的意味。连同高山、清流与雪野，构成了天地间一场表现力无与伦比的大型环境艺术，令人想起天堂，想起人间的净土，想起在历史变迁中保持独立姿态、万变之中的不变者。

在古希腊伯罗奔尼撒半岛中部，有一个叫"阿卡狄亚"的高原地区。这里有着世外桃源般的美丽与惬意，苍蓝的沿着荒原铺开的天空，河水高涨、树林纯净的大地，春天开化时咆哮轰鸣、一泻千里的冰河，山坳和峡谷中生长着栎树、橄榄树和柏树，一直延伸到海边。时间仿佛就从那里开始，展现着鸿蒙初开般的世界影像。后来，"阿卡狄亚"在西方文化中演变为自然世界的模板，成为田园主义生活的开端和象征。

"圣地是和平与和谐的统一之地，或者说是健康的土地，净化了所有不洁和疾病"（米切尔《风景与权力》）。"阿卡狄亚"包含两种不同的光谱与色晕："牧歌般的"和"原始的"。前者指的是风景优美、生活适意的田园图景，"没有酷热使人消沉或者懒惰，也没有严寒使人僵硬迟钝"；"原始的"则意指"神性"和"伟力"、蛮荒与粗糙、混乱与非凡，是一种原始性的荒原图景。

圣地是初始完美之时空，"是世界创始、英雄祖先创立文化基业的时代，一切光荣和伟大的事件均在那时发生"。两种"阿卡狄亚"相互对立，却又相互缠绕，相互依存。那是一种关乎"失去的天堂"与追忆所滋生出的神话观念，近似一种深刻的宗教性体验。所谓"失去的天堂"，指那种先于现存人类状况的一种初始状态，一种理想化的和谐完美状态。是人类因对自身生存状态的不满，借着想象构建的理想乐园。

粗粝的苦难与死亡，淡漠地流转在神圣风景的佛光之中，也一直隐藏在田园牧歌的表面之下，"优美的牧歌"与"呼啸的荒野"，使得三江源也激发出一种"阿卡狄亚"气质，这片土地的知识场域与话语逻辑，也同样笼罩在荒野的梦想诗学之中。

理解"荒野"概念及其价值意义，都离不开"自然"以及人与自然关系的历史演变。在中国的文化语境里，荒原同样喻示着原初的自然本性。"旷野寂无人，漠漠淡烟荒楚"，空旷的原野上寂寥无人，烟雾淡漠，荒草连天，旅人踟蹰于旷野，身影孤寂，令人黯然神伤。"之子于归，远送于野"，不受约束、未经驯化的辽阔原野上寒风呼号，一片荒蛮森冷，使得天地间的行人肝肠寸断。

魏晋以降，中国诗人，更是别有一派荒远诗心；平野风烟、苍山落照、荒石枯草等一类衰飒荒寒的原野风景，常有诗人吟之咏之，流连不去。人类在荒野时代曾与自然混沌一体的状态，如同潜意识一般藏在心灵深处，体现着一种人与自然之间相依相生、声气相感、血脉相通的亲密关系。

于是常有诗人以"野老""野客""野人""野夫"自谓。杜甫，号少陵野老；孟郊，字东野；王安石，号半山；黄庭坚，号山谷道人；王绩有《野望》诗，王勃有《早春野望》，王维有《新晴野望》，范仲淹有《野色》篇，更多的诗人均有同名诗作《野望》，如是等等。荒野对于中国士人而言，是一种精神的象征，是一个美学的范畴，有精神的指向性。诗人们向往自然的热情，在春野秋原上找到了深切的回应。

在孟浩然的笔下，"野老朝入田，山僧暮归寺"的情形，有一种清疏寂寞之气，但也尽得山野之幽趣。在荒山僻野的深处"偿荡其心，倡佯其形"（柳宗元《对贺者》），则尽显苍劲有力的自强之美。"野昏边气合，烽迥戍烟通"（骆宾王《边庭落日》），"君不见走马川行雪海边，平沙莽莽黄入天。轮台九月风夜吼，一川碎石大如斗，随风满地石乱走"（岑参《走马川行奉送封大夫出师西征》），则渲染出一片边塞豪情。

先秦与汉唐诗人还常将虬龙、女娲、鬼魅、神怪、哀猿等想象瑰丽的意象入诗，更是营构出一个色彩斑斓的荒野世界。楚辞就产生在一个原始巫风盛行的天地，"深林杳以冥冥兮，乃猿狖之所居。山峻高以蔽日兮，下幽晦以多雨"，《涉江》中的风景，把南国水泽和楚地山川的境界细致幽深地表现出来；"雷填填兮雨冥冥，猿啾啾兮狖夜鸣"，《山鬼》中的物事，充盈着一片令人生畏的荒原气息。

在浑朴简陋的环境之中，古人往来于草莽之间，耕作于旷野之上，高原、荒山、野水、冰川、丛林铺排在人们的眼前。体味着荒寒之境中来去自如的兀傲之气，他们的作品就更多地表现了原始荒野辽阔古朴、包纳万物的魅力，以及蕴涵着大自然刚烈而和谐的生命躁动。

从词源学上看，荒野与文化是两个相对的世界。前者远离人工，万物自由地伸展，榛莽丛生、虎豹出没，令人不识蹊径、莫辨晨昏；而后者令人想到渔村小市、竹篱茅舍，以及游人络绎的官廨园林等，漾动着清新柔美之风，是舒适的人工世界。

在西方的文化语境里，早期荒野是一种原始自然。在犹太—基督教传统中，荒野一开始就是作为极乐园的一种反面而存在。被逐出伊甸园的亚当和夏娃，面临的就是一片荒野。西方人对荒野的认知受宗教影响，将其视为人类被上帝遗弃的命运写照，未经开垦的荒野是恐怖与邪恶的渊薮，是一种令人恐惧、厌恶的外部环境，是文明的对立面。

古希腊人对于"文明的城邦"之外的游牧民族，有着某种天然的优越情结和道德上的优越感。如斯基泰人，居于荒野、食于荒野，不事农耕且居无定所，完全被自然荒野所接纳和消融的，这就是不文明的他者。在古希腊、古罗马到中世纪时期，荒野都是衬托英雄主义和悲剧人物形象的邪恶背景。在古希腊神话中，人们借荒野表达敌对情绪，如俄狄浦斯王的自我放逐之地，就是将其设定在荒野。在但丁的《神曲》里，荒野象征中世纪的黑暗与苦难，并分别用"狮""豹""狼"来隐喻教会的野心、肉欲、贪婪。荒野同时又是人性深处的映射，人类本性中也有"孤独和蔓生的荒野"。

"五月花号"到来之前的北美大陆就是一片荒野。"野性"的世界即如卢克莱修在《天道赋》中所言："当此之时，民犹未知夫用火，虽获兽皮而不衣皮，故形无蔽而仍裸。惟林莽之是栖，或岩穴之息。迅风烈雨，忽焉来袭。乃庇秽体，于彼榛棘。"在早期欧洲移民的眼中，这里到处都是"奇怪、恐怖、令人不安的悬崖峭壁和土地"。尽管也有人烟——有诸多部落的印第安人在这荒原之上呼啸来去，但他们未开化的生产生活方式——狩猎而非农耕，恰恰体现了荒野的本性。茹毛饮血生活的原住民、印第安人脸上浓墨重彩的花纹图腾，无不让他们心生恐惧。尽管在踏上美洲新大陆的那一刻起，他们拥有了一种挣脱欧洲原有秩序的自由感，但也不得不打起精神，试图征服和归化野蛮人，以及征服那一片片现代文明从未涉足的原始莽林，使之变为农田、果园和城市。

在西方，文明一词原就指耕种、加工、照料、栽培，后逐渐引申为培养、教育、训练，又有借助工具对自然改造、加工、区别于自然并控制自然之意。"文明的曙光造成了强大的偏见……早期文明最大部分的能量指向对自然野性的征服……于是，顺理成章地便是狗优越于狼，小麦优越于野草，奶牛优越于鹿，统治者优越于被统治者"（马兹利什：《文明及其内涵》）。开垦和控制荒野、强行征服和统治荒野的历史进程开始了；人们在荒野四周竖起了篱笆，成为驯化野生动物的牧场；原来占据绝对优势的荒野数量日渐稀少，村镇周围建起了水渠与高墙，成为人类安居的乡村，甚至城市乃至大都市都陆续出现。在欧洲殖民者看来，这是美洲大陆向文明迈进而吹响的号角。早期移民往往会以最快的速度，在被殖民地区规划并建造街道和广场，他们心中有一个执拗的信念："文明等于城市"；对他们而言，荒野自然是用于创造美好生活的潜在自然资源，未被利用的荒野就是一片废地，只有经积极开发，才可成为人类私有财产。

到了18世纪末和19世纪初，浪漫主义思潮的兴起和发展，才逐渐颠覆了荒野作为"恶之象征"这一形象。荒野固然有着孤寂、神秘和混乱的特性，然而在新思潮的风气里，这些特质反而成为文学和艺术创作的源泉。荒野开始被视为尚未被人类开发与破坏的处女地，是象征本真、纯洁的人间天堂。连绵的群山、幽暗的森林、汹涌的海洋，是上帝的杰作。对荒野的复归，则代表着对真理、美德及更高级文明的向往。西方在丹尼尔·笛福时代开创的荒岛文学，随着资本主义社会矛盾的日益上升，个人英雄式的反抗精神逐渐与诗人、艺术家对旧大陆文明的批判合流。荒野成为了反抗者精神的根据地，是自我实现的崭新里程。

卢梭、歌德、拜伦、雪莱、库柏、康拉德等大批文学家、诗人、艺术家，每个人的心底都蕴藏着一种原始气质，涌动着一种对荒野的激情。他们用各种艺术手法，描绘自然的图景，用热情的语言，描述汹涌澎湃的溪流、林中高歌的云雀、朴实无华的荒野原住民，如英国湖畔派代表诗人威廉·华兹华斯在《转折》中所说："来吧，来瞻仰万象的光辉，让自然做你的师长。"面对未经雕琢的自然，他们感受到了荒野的自由以及自身"原始的活力"；诗人们对于自然的参与实践态度，更是成为了智慧与新知的源泉。

祥和、富足、井然有序的田园乡村，慢慢黯然失色了，更不消说铺张奢华和繁华背后乌烟瘴气的文明城市。人类原本就无需发明戏院和歌剧中的奢华布景，自然的景观比人工造就的事物要美好得多，丰富的荒野审美体验，形成了诗人们独特的价值判断。浪漫主义思潮的荒野观，将荒野视为福地与天堂，无形中也逐渐增强了对荒野的保护意味，并对之后的环境保护运动和荒野哲学的发展产生深远影响。

浪漫主义思潮是与欧洲移民一起漂洋过海传到北美大陆的。大西洋彼岸的人们也开始领悟到，原来荒野才是新大陆得天独厚的财富。正是荒原孕育了美利坚民族，并塑型了其民族性格；而且"如果荒野是传达上帝之意最为清楚的媒介，那么美国人就具有超越欧洲人的道德优越性"（斯奈德《野性的实践》）。

1620年，当清教徒移民为寻找他们的迦南圣地而抵达美洲大陆，抵达那片"荒凉险恶、满是野兽和野人的荒原"时，美国荒原文学传统也由此落地生根。美国文学中的荒原不仅仅是生活层面上的，不仅仅是"森林的代名词"，而是完成了由自然化向心灵化的转换，更多地成为精神道德的喻体。南北战争的炮火只留下一片满目疮痍的废墟和一无所有的荒原，但严苛的环境洗去了生命中的不洁之处，贯注了自然蛮荒的生命力。

同样受欧洲浪漫主义荒野审美观的影响，18世纪的美国也开始重新定义荒野，重新思考人与荒野、与自然的关系。爱默生出版了《论自然》，认为自然有独立的生命和无可辩驳的理性与价值，人能够从自然中认识到世界的和谐和正确性，"自然的爱好者……面对自然，即便他正经历苦痛，却也有强烈的愉悦之情滋养身心。自然在诉说：我是他的造物主，不管他有多少痛苦，跟我在一起，他就是快乐的。……在树林里，青春是永恒的。在这些上帝的树林里，利益和神圣主宰一切，……我们回归理性和信仰。……在静谧的风景里，在遥远的地平线上，人类看到了像其本质一样美的东西。"

对于荒野，爱默生全面肯定其精神价值，而荒野愈来愈少之时，人类价值意义的失落亦难以避免。爱默生指出"现代文明腐蚀了人的灵魂，而在丛林中我们重新找回了理智与信仰"。这样的思想潜移默化间被大众所接受，在塑造美国人的生活方式中发挥了巨大的作用。

爱默生开启了美国浪漫主义文学的大幕；与爱默生有

师承关系的梭罗，则带着一把斧头，走向四季鲜明、空旷宁静的瓦尔登湖畔，向世人昭示荒野自然对于人类的终极价值和意义。

梭罗生活的年代，工业文明正在促使"自然"和"荒野"向"环境"转变。新英格兰地区形成了繁华的工业区，蒸汽机广泛使用，纺织业日益发达，铁路、电报、海底电缆相继投入使用。荒原不再是以前的自然存在实体，而通过源源不断的原材料、工业产品、废弃物和各种"资源"的产生，变为与资本主义工业、城市相连的现代景观。工业化促使人们不择手段地追逐财富利益，随后而来的淘金热，"荒原"沦为了予取予求的人类"附属品"。

对工业文明的发展，及其所引发的种种社会问题，梭罗有着自己的见解。在《瓦尔登湖》中，梭罗所有的感官似乎都被重新激活，他用优美的笔触将瓦尔登湖描述为"最美丽、最富有情感"的风景，认为"它是大地之眼，人们注视着湖泊，就能测量出自己的天性的深浅"；"只有在瓦尔登湖滨，才与上帝和天堂最近"：

再没有比这里更接近上帝和天堂，
我是他的石岸，是他掠过湖心的一阵清风，
在我的手心里，是他的碧水，是他的白沙，

而他最深隐的泉眼，高悬在我的哲思之上。

　　离开瓦尔登湖的梭罗，后来又三次走进了缅因森林那片"处女般的原野"，在"纯粹造物主的手笔"和"上帝按照自己的意愿造出的心仪之作"面前，梭罗更深层次地揭示荒野与文明的共生关系，"黄昏中，我坐在荒野里，不远处是巍峨的青山，我的旁边是波光粼粼的河水，还有画眉鸟的歌声相伴，这应该就是文明的最高境界吧"；"我们所谓的荒野，其实是一个比我们的文明更高级的文明"；"只有在荒野中才能保护这个世界"；他希望自己能够"为大自然说话，为绝对的自由和荒野说话"，盼望"给我一片文明无法容忍的荒野"——梭罗的祈愿，成了后来美国荒野保护运动的重要思想基础。

　　大致也在同期，美国迎来了历史上重要的"大转折年代"，"原来对自然的敌视和厌恶，被一种欣赏和亲近自然之情所代替"，充满着隐秘生机与风景的瓦尔登湖，北美西部壮丽的群山峻岭、孤寂而绝美的沙漠，新英格兰迷人的海滩，像人类一样有生有息的盐湖，开始成为文明高压之下人们喘息的心灵故乡，呼应着内心深处对纯朴原始生活的顾恋和追寻。在荒野中，一切都是自在的，也是自足的。动物是自由的，它没有被关在笼子里或者限制在园地中；河流是自由的，它没有被大坝、水库规定，也没有被水车、磨坊所限定。荒野代表着燃烧的激情、永恒的生命力量，和未知世界单枪匹马做斗争的开拓本能，与其制造的大写的"人"的神话一起，完成着对生命的自我实现。这种对荒野的态度，自此影响着此后几代美国人。

1831年7月，在北美游历的法国思想家托克维尔到达密歇根，来到附近充满野性的、未被驯服的原始荒野。当时许多美国人还认为他要去伐木和进行土地投机交易。后来在《论美国的民主》中，托克维尔表达了自己的困惑："欧洲人大谈美国是一片荒凉，而美国人自己却没有这样的感觉。无生命的大自然的奇观，并未打动他们；他们周围的森林，可以说直到被伐光以后，才使他们感到其壮丽。……当时，美国人只是一心要横越这片荒野：他们一边前进，一边排干沼泽、修整河道、开垦荒地和克服自然困难。"

托克维尔告诫美国人民，不要再坚持文明与荒野之间的界限，与南美"诗人吟咏的仙境"般的外貌相比，北美不是恐惧与荒凉之地，它是"简单而壮观"的。这片"严肃的、郑重的和庄严的"壮美荒野，这桀骜不驯、拒绝规定的自由世界，恰是有助于美国维护民主共和制"偶然或天赐的原因"。

越来越多的人认识到，文明不能脱离自然，文明也离不开荒野。荒野、密林、峭壁……在远离人类社会喧嚣的原乡，那里有人类永难追回、纯粹完美的家园，浸透着现代社会的人们所极度匮乏的心灵氧气。美国人也开始赞美荒野，感叹荒野自然的壮美。与托克维尔大致同时代的美国作家华盛顿·欧文，也在其名作《见闻录》指出，美国能够引以为傲的"自然魅力"，正是"美国的山谷，丰饶的物产……无边的平原以及罕有人迹的森林"；并且提了一个有趣的观点，认为"永远没有必要让一个美国人到他自己祖国以外的地方去，见识所谓的壮丽和优美的自然景观"；并进一步论述道："我们把青年送到海外，让他们在欧洲变得骄奢和颓废"，因为欧洲才是人类社会无可救药的文明的废墟。"在我看来，一次大草原旅行似乎更能塑造与我们的政治体制相一致的男子气概、忠诚和独立性。"不仅能确证自己，还能吸收足够多的力量，获得高贵的自我。

1835年5月16日，科尔在国家设计学院宣读了自己所作的一篇文章《论美国风景》，在描述他的旅欧心迹时，他说道："在文明的欧洲，风景的原始形象在很久以前就被破坏和改变了……在那些巍峨矗立的峭壁上耸立着高塔，即便是最荒僻的谷地也被铁犁所征服。"在当时的美国人眼中，与欧洲相比，新大陆单薄的历史文化和微不足道的文学艺术成就明显是短板。但科尔认为，尽管美国缺乏像欧洲那样悠久灿烂的历史文化，但国人大可不必羡慕他人，因为"美国的风景……是富有特色的，是壮丽辉煌的，这些都不为欧洲人所知。在美国的风景中，最独特、最令人印象深刻的便是荒野。"荒野不仅是未开发和未破坏区域的最后保留地，它具有纯粹、本真之义，蕴含着无数可能性，甚至是生命精神最本质的象征，足以让北美人民感到骄傲和自豪。

此外还有大量的艺术家如托马斯·莫兰、阿尔伯特·比尔施塔特等，也用自己的艺术品展示美国莽莽苍苍的荒原风景，努力抵制着逐渐加速的、以文明之名义征服荒野的历史进程，让社会公众对美国的荒野景观逐渐有了崭新的认知。

利奥波德是一个长期从事林学和猎物管理的专家，他被称作美国保护运动的"先知"，被誉为"美国新环境理论的创始者"。沙乡，就是利奥波德在威斯康星河畔购买的一个被荒弃了的农场，是一片寥无人迹的荒蛮之地。在十多年中，他和家人在这里进行着野生生物的管理，冬天给鸟喂食，给它们戴上环志①；春天，在大雁南飞的咕咕声中，他们种植松树；夏天，他们播种和照料野花；秋天，他们观察冬眠前各种动物的奇异骚动。在所有的季节，利奥波德都做着生物气候的观察记录。

他的《沙乡年鉴》表达了对文明疑惑的疏离，又肯定了人的自我本质力量。整部书都描述他身体力行，用最平易的态度与荒野自然相处的故事；同时以全新视角赋予荒野以丰富和正面的意义和评价。荒野，大致为"野生动物出没之地、未开

---

① 一种研究候鸟迁徙动态及规律的重要手段，一般戴在鸟类跗跖（腿以下至趾之间）部及颈部。——编者注

化和未耕种之地、无序和混乱之地、不毛之地"，是"纯粹的自然"或"野生的自然"，是人迹未至或至少未被人类控制的自然。在《沙乡年鉴》中，利奥波德指出荒野"是人类从中锤炼出那种被称为文明成品的原材料"，提出了"荒野价值"和"土地伦理"的观点，在生态的视角之外，将荒野自然纳入了伦理的视野。荒野概念从此具有了多重学理价值。

在这些知识精英的推动下，美国的荒野进一步"具有了超越其他国家的优越性"，"成了爱国主义的一张王牌"。以至于到1964年《荒野法案》问世，荒野理应受到保护的思想已深入人心，"这片区域上的土地与这片生态群落上的生命，不应受到人类的侵扰"。

美国人就这样将保护荒野变成了一种新的政治正确，达成了一种独特的新文明，甚至成为了美国文化的一项基本构成，"荒野自然也许比教堂更值得全人类顶礼膜拜"。一种独特的荒野保护模式：国家公园也应运而生。

荒野保护运动唤起人们对有机的、未遭破坏的自然世界的想象，从而对自然保护运动给予同情和支持。在这样的风潮之下，美国建立了一大批国家公园，被描绘成"伊甸园或阿卡狄亚的仅存硕果"，是能够"彰显个人主义、道德勇气和体验拓荒者真实生活的地方"，荒野甚至上升成为"开启人类敬畏之心的神圣之地"。

精神的故乡比自然的家园更难以接近。19世纪晚期，人类地理学创立者拉策尔认为，人类对于自然的反应就像动物对于栖息地的反应，认为"人和生物一样，他的活动、发展和分布受环境的严格限制，环境以盲目的残酷性统治着人类命运"。三江源就曾是充满苦难荒绝的灰色空间。旷野上一望无际的褐色土地，林莽丛生、荆棘遍野，荒凉而又严酷。寸草不生的荒滩戈壁极多，即使有草原，牧草也矮小瘦弱，每到冬春季节，狂风四起，小草在风中瑟缩，很容易被连根拔去。夏天是黄金季节，却又转瞬即逝，草场青绿不过月旬。好天气不多，如果真的冷起来，穿多厚的衣服都没有温暖的感受，风雪非常严酷，高原的风能一直刺到骨头里。遇到干旱的年头，连个绿影子都看不到。冬季有雪便成灾。2019年春节前后，玉树州一场雪灾，6万人受灾，2万多头牲畜死亡。而且受影响的远不止家畜——高原的野生动物如岩羊、白唇鹿等野生有蹄类，也出现大量死亡。荒凉死寂中的原野，含蓄着大自然生杀予夺的无尽天威。

然而，慈悲和恩典是荒原的另一面。比如属东部季风区的河湟谷地，很多地方号称"小江南"，气候温润，细流涓涓，植物葱茏。春季繁花遍野，秋天硕果满枝。而且那里又与真正江南气息有所区别，显得更为浑朴天成，仍少作意。冰天雪地的荒野中，有着灵动的生命世界存在，过去落难的淘金者、拓荒者及其他各色人等，在这里也曾爆发出惊人的生存力量。这里蕴含着一种无边无垠、不可测知又不可抗拒的力量。在这个意义上，三江源蕴涵着一种对人类历史与未来的深切追问，封存着个人对家园梦想最深刻的领悟：艰险与苦难，是人类家园建立的场基。

荒野，表述着一种不羁和无序的感觉，一种未被驯化、不能控制的野性状态。野性的复归，究其本质，就是文明的返乡。启蒙思想家们提出"回到自然"的口号，人类通过文明的"他者"——荒野，可以反观人性的变异。在他们眼中，人类社会作为自然的派生物，只有回到自然中，恢复自然的本性，才能消除异化。

旷野是文明之根源，文明在任何时候都需要这一根源的滋养，方可保持长久旺盛的生命力。三江源的景色中，有粗粝无比的一面，但又有峰高、水柔、谷净、草远的一面，尽显着三江源地区的高远与纯净之美。这同样是荒原野性的另一种显现。在这个野性的世界里，一个人内心无法排解的苦闷情感会瞬间消失，心灵变得畅快而洒脱。那时人们会认识到，为什么说荒野可以作为人类精神的启示者，它对人类心灵的净化与提升有着巨大的引领作用。

"荒野是我们的第一份遗产，是我们伟大的祖先，它给我们提供了接触终极存在的体验，而这种体验在城市中是无法获得的。"罗尔斯顿在《哲学走向荒野》中指出,荒野的"这份遗产"具有市场价值、生命支撑价值、消遣价值、科学价值、遗传多样性价值、审美价值、文化象征价值、历史价值、性格塑造价值、治疗价值、宗教价值和内在的自然价值,而且如果我们一定要功利地使用"资源"一词,那么,可以说荒野是哲学与宗教更宝贵的"资源"。走向荒野,无论体验是孤独是领悟还是宁静,都会导向对自然的敬畏,和对自然之神秘、广阔与美的无边体验。这里还有一个悖论:尽管荒野有着内在的、不以人类为中心的价值,但是却只有能进行哲学思考的人,才能懂得这些价值在认识论、伦理学以及形而上学方面的意义;只有人类才能在这最丰富、最深刻的意义上体验荒野。"我们在自然中探寻,结果发现我们是在探寻自己",荒野体现出向自然原始寻求生存意义的价值走向。远离荒野,就是剥夺了自己在世界上的栖居权,耗尽生命的伟力,迎来衰败的结局。

所以,尽管三江源深处大地绵软,泥沼遍布,行路之难,莫过于是,不过江河源头地区长期杳无人烟,其重要性和影响力并不会因此而减弱,相反,地势高寒、环境闭塞、交通困难这样的特点,反倒会给人类留下一片净土,保存着非常完好的沉静、散淡、虔敬、忠诚、知足这样的美好品质,"青海长云暗雪山""风吹满地石乱走""长河落日圆"这样的景色,也会永恒留存于边塞诗里。在未来的岁月里,当喧嚣、浮躁、贪婪、背信弃义等浊世的狂潮汹涌而至之时，更可能成为人类向往与崇拜、甚至拯救与避难的圣地。如张炜在《瀛洲思絮录》中说：

> 山河，即四境之内，即流动之水和凝固之山。爱山河，不是一味争抢，不是占据，而是栖居之权获得之后，与之发生的依恋之情。人不能将"山河"据为己有，再神圣的统治者，也仅仅能够做到小心翼翼地栖居，去体悟生命与山河的关系，即体悟"子"与"母"的关系。大地伟岸，从小小昆虫到赫赫巨兽，从微末苔痕到参天大树，何等神渺难测。以拘谨之心对待"山河"，去看守与卫护，敬若神明，正是栖居者的本分。

荒野拒绝人类，荒野上的各种野生物种不受人类的管制与约束，却怀抱着柔弱的小草与剽悍的多种野生动物；看似沉默的冰封土地实际有着自己的意愿，那是一种独有的慈悲与平静。荒野原始却保持着大地的原生态和完整性；它远离尘世，却又充满着生命的广大和美丽。

荒野一词，在词源学上的意思为"野兽出没的地方"；但又不是一个单纯的自然客体，而是一个人类学上的原型意象。它以一种特殊形式的记忆表象，从原始时代一直伴随着我们。《周易·系辞》有曰："圣人立象以尽意。""旷野"意象一方面是空间概念的原野，涵盖了河流、山川、沙漠、戈壁、树木、花草、鸟兽虫鱼等更广泛的内容；同时也可理解为人类心灵的栖息地，停伫着人类精神和人类命运，是精神的归宿，文明的源头。它是世界的本来面貌，是精神追求的真实内涵，就是自然的纯粹状态和本真状态。物候、星象、季节、生灵、繁衍……与荒原上的一切共存共在，共同经历和承受。只有走近荒原，人才能回归根源，才能"恢复对人生价值的形而上追求"，才能和"根源"一起，共享它的永恒性和超越性，获得生生不息的力量——只要你能够"与野地上的一切共存共在，共同经历和承受"。

对"荒野"的肯定和融入，是独有的一种精神哲学，在历史的演进中，荒野的观念赋予人类文明另一种身份和意义。荒野是人类的童年，文明的故乡，走向旷野，就是开启返乡之旅，谛听自然、审视自我，就能增长希望，安抚不安。在对荒原的回归中，我们渐悟到精神追求的真实内涵。在这里，荒野的含义是大地，是元物质，是心理场，是能无视和超越一切功利的、无言的大道。

它不仅是一个地域名词或地理支撑，而且是独有的一种精神哲学。不仅仅是山川河流，鸟兽虫鱼，花草树木；同时也是厚德载物，文明传统，天地精神。用心倾听和感受荒野中那无尽的低吟，体验人类与自然那源于悠久岁月之中的血脉相

连，在无人的孤寂中捕捉自然闪耀的瞬间，便能理解荷尔德林
所喻示的人类诗意栖居、"安身立命"之地：

　　　　田野枯黄，惟有蓝天

　　　　闪耀在远处的高空，仿佛歧路

　　　　大自然的显现，为一，吹拂

　　　　清新的气息，惟有万物淡淡的光环。

　　　　天上隐约可见大地的浑圆

　　　　整整一天，饰以清澄的大自然

　　　　当高天的苍穹点缀星星，

　　　　更具灵气，那延展退迩的生命。

　　　　充满劳苦，

　　　　然而人诗意地栖居在这片大地上。

　　　　　　　　　　　　　　　荷尔德林《冬》

"那举世无双的土地"

> 我们隐隐约约希望它会被外面的世界忘却。我们在这里读书、听音乐、冥想，去保存一个没落时代的脆弱光华，并寻求人在激情耗尽时所需要的那份智慧。有一份遗产需要我们去珍藏并让它永世流转，我们应该去尽力争取欢乐和幸福，直到那一刻到来。
>
> ——詹姆斯·希尔顿《消失的地平线》

高原草甸在初夏的阳光里微微泛着半青半黄色。6月的旷野一片寂寥，宽大的阴影修饰着山脉的皱褶。玛尼堆零星闪现，坐落在狭窄的山沟里。广阔的空间范围内，地名相当稀少，地图上对应着大片空白。天风浩荡，一切都有如初创般的莽莽苍苍。触目所及，都是有如刀削斧砍一般富有雕塑感的大山，造物主在静静铺展着无所不能的创造力。

对于那些去往西藏列车上的旅客，三江源可能只是车窗外漠然的一瞥。很少有人真正到达过这里，也很少有人真正理解这片土地的意义。三江源地区的高古雄奇，决定了这方土地的美学风格是高冷神秘而非婉约静美，是坚毅沉雄而非田园意境。在布封等早期博物学家探索世界的时代，三江源还是可望而不可即的生命禁区。荒原亘古存在，原始蛮荒，宁静肃穆，一座座高峻挺拔的大山，托举起举世无双的土地。在这里

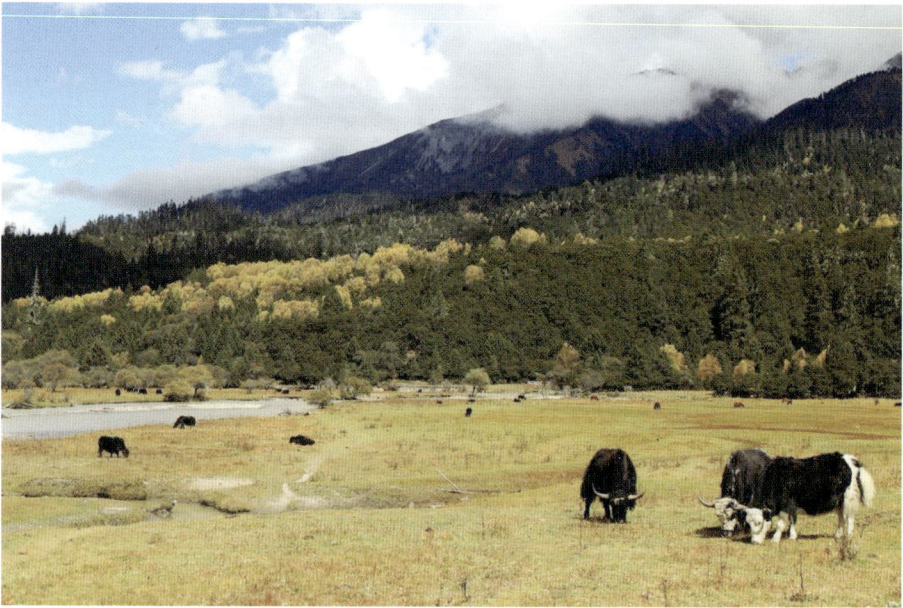

人们会很快意识到，在永恒自然的生命循环里，自我是物质交换瞬间无足轻重的一环，那种感觉绝望而踏实，是与真实自我的无言相对。

早在2000年，在中国政府意识到生态环境危机后，建立了在青藏高原上绵延15.23万平方公里的三江源国家级自然保护区。今天的三江源国家公园体制试点区域，总面积已达12.31万平方公里，涉及治多、曲麻莱、玛多、杂多四县和可可西里自然保护区管辖区域。在第41届世界遗产大会上，位于三江源长江源园区的可可西里获准列入《世界遗产名录》，成为中国面积最大的世界自然遗产地，极大地提升了三江源的生态价值。

作为世界高寒草原的典型代表，三江源亦是世界上海拔最高的生物多样性富集地区，尤以其独特性见长。例如，这一地区兽类动物共有85种，其中国家保护动物26种，包括藏羚羊、野牦牛、雪豹等16种国家一级保护动物，拥有油麦吊云杉、红花绿绒蒿、虫草3种国家二级保护植物。

这片高寒土地的未来，依然是不容乐观。

三江源的湖泊、冰川和湿地对于下游14亿亚洲民众来说，都是重要的水源储备。然而这里的植被正在向高寒荒漠草原和荒漠过渡，湖泊进一步退缩，一些外流湖泊变为内流湖泊，并向盐湖发展，一些湖泊渐趋干涸，湿地在退化，很多河谷有继续向沙漠化发展的可能。高山草地、植被、湿地和永冻层的退化，将对中国乃至整个亚洲的生态环境安全产生难以预测的影响。

卫星图像显示，自2012年开始，玛多县新形成了零星分布的退化土地，此后，这些荒漠化的土地不断连接成更大片的荒漠。玛多是最靠近黄河源头的区域，也是受影响最严重的地区之一，荒漠化的土地占总土地面积的35%。据2015年中国科学院的一份报告，仅在玛多一县，在过去的30余年中，就有2745平方公里的土地变成了沙漠。

2015年，中科院相关研究人员还模拟了气候变化对数十种高原有蹄类动物的影响。在不同气候变化情景下，约三分之二的有蹄类局部濒危，甚至有几种全面濒危。气候变化将使得有蹄类的适宜分布区普遍北移，平均幅度数百公里，三江源的生物多样性可能会因此受到严重削弱。比如雪豹栖息地就向着更高纬度和更高海拔迁移，很多区域将可能不再适宜这种珍稀生灵的生存，雪豹栖息地破碎化进一步加剧。国际野生生物保护学会对野牦牛栖息地的模拟则表明，野牦牛目前适宜的季节性栖息地，大部分将在未来几十年内消失。

虽然荒野中风雨依旧，太阳照常升起落下，月亮依旧阴晴圆缺，但自然已经越来越不像原来的自然。野生动物熬过了百万年巨变，才进化至此。可留给它们适应未来气候变化的时间，不过弹指刹那。

如何才能扼制这一令人不安的态势？

原始森林、湿地、草原和野生动物是荒野的主要存在方式，所有荒野形态都有个性化生存的一面。荒野之"野"，本身会不断制造出差异与个性，反抗着一种概念式的整一性，并以此谋求繁茂与生存；荒野以个性化和非整一性来表述生命的丰富性与自由性。然而对于人类这个管护者而言，一味追求自然性生存，消极绝望地抗拒外界的威胁，将自然保护在绝对"完好无损"的状态或者"原始状态"，也是不行的，护佑中华水塔，着眼全流域系统性保护，构建山、水、林、田、湖、草的命运共同体，更为科学的国家公园理念的建立势在必行。

事实上，"国家公园"的概念由来已久，已有100多年的历史。

1832年春天，画家乔治·卡特琳来到边疆地带，意图赶在不断推进的拓荒浪潮之前，用画笔留下印第安人最后的荒野生活印记。

在创作过程中，他突发奇想："政府应该通过一些伟大的保护政策，建设一个壮美的公园，以保留这片土地原始质朴的美丽和野性。在这里，世人能够目睹岁月流转，看到土著印第安土人身着经典服饰，力挽长弓，高举盾牌和长矛，骑着野马驰骋于麋鹿和美洲野牛群中。对于美国来说，为她文雅的公民和整个世界永久保留这样的场景，将是一幅多么美丽和惊险的样本画卷。人类和野兽共生的'国家的公园'，完全展示了自然之美的野性和清新。"

这是学界较为公认的关于"国家公园"的最早正式表述。

除此之外，约翰·缪尔的实践，对国家公园的发展影响更为深远。

1872年3月1日，当格兰特总统签署法案，将美国怀俄明州西北部超过200万英亩的地区辟为黄石国家公园时，大多数欧美人士只是惊叹于黄石的间歇泉、温泉、峡谷和野生动物等绝世奇观，只有如缪尔一样的少数人才敏锐地意识到，建立国家公园最重要的目的和结果就是：保留荒野。

1890年，约翰·缪尔的"约塞米蒂法案"在美国国会两院获得通过，约塞米蒂成为世界上"第一个有意识地用于保护荒野的保留区"。

但令缪尔感到有些失望的是，当时决定约塞米蒂公园归内华达州政府管辖。只有依赖联邦政府的力量，约塞米蒂本真纯粹的荒野之美才能长久保存下来。

1906年，约塞米蒂山谷终于划归联邦政府管辖，约塞米蒂成为第二个真正意义上的国家公园。在缪尔等人的努

江河之上
三江源的历史与地理

力和影响下，美国国家公园名录不断增设，制度建设也逐步走向正规和成熟，渐成国际公认的行之有效的荒野保护模式。

1916年，美国国家公园管理局正式成立；1964年，美国《荒野法案》颁布。从被敌视到被赞美、从被征服到被保护，国家公园出现在荒野观的历史变迁中。

截至目前，全美已设立59处国家公园。约翰·缪尔被称作"国家公园之父"，他也的确终其一生为保护荒野奔走呼吁。虽然各国国家公园定义并不统一，模式不尽相同，但国家公园的百余年实践，终于也逐渐形成诸多共识。

国家公园的精神就是荒野。作为荒野价值体现的国家公园，不同于一般意义上的自然保护区，更不是一般的旅游景区。国家公园是荒野生命之源、野性之美与教化之功的最好体现，甚至是国家荣誉的象征。与此相应，政府要在国家公园的管理、财政等方面承担重要甚至是主导性的作用。所以也有文化维度的考虑，即国家公园的建立是为了发挥其在民族认同上的功能，以此提升国民的民族自豪感和国家的凝聚力。

国家公园的设立，就是为了筑牢国家生态安全屏障，为了保护荒野的原生态和完整性，保护公园内的自然生态环境，保存荒野的生态价值。在储备地球自然场域、保护生物多样性以及可持续使用自然资源等方面，国家公园都起到了非常重要的作用。

国家公园就是最典范的荒野，是世界本真与基础的一个原型。这里有自己的价值，却又"没有受到人类这一特殊的、有意识的、有目的的物种的干扰和改造"，是原初状态的自然，可被当作原始自然最贴切的象征、标本或博物馆。国家公园其实就是要在某种意义上，倡导人们重新拾起与本真自然世界的情感联系，通过这样的荒野回溯，重建人与世界的完整性，使人类的价值走向自然的深处。

罗尔斯顿提出哲学走向荒野、价值走向荒野和美学走向荒野，而不是走向自然，就是因为他认定，荒野是自然的典范、自然的本真状态；"是一种充满多样性、原生性、开放性、和谐性、偶然性、异质性、自愈性、趣味性的、野趣横生的系统"。国家公园就是这种理念的具体显现，它使哲学、伦理学与美学回溯到自然的深处、进入自然的本真状态，实现哲学、伦理学与美学研究上的荒野转向，并最终达成人工世界与荒野自然的和解。

几十年来即使那些在大手笔投资江河源头环保的背后，其实也暗含着对中下游经济蓬勃发展的期望与展望，着眼点不在于环境的可持续发展，而是经济的可持续发展。而国家公园蕴含着人类文明中一些最纯的因素，强调自然原始力高度统一性和整体性，强调自然的调节性，较高地保存了自然的纯度，对于人类的文化与文明有一定的适应性，但又具有某种免疫力。正如荒野不是被规划和被决定的，而是由自然进行自我规定的世界，国家公园要保留的，是大自然最壮丽的神殿。

美国历史学家弗雷得里克·J·特纳的"边疆假说"认为，在很大程度上，目前为止的美国史，就是对大西部的拓殖史。正是在向西部荒野边疆的不断开拓过程中，塑造了创造性、独立性、尚武精神、个人英雄主义等美国国民特性，促进了社会重建和蓬勃的精神。

旷野即故地，国家公园是高度文明的社会健康的土壤和源头。它不是被规划和被决定的，它是由自然进行自我规定的世界。也正因如此，文明的返乡之旅绝非是一种倒退，反而是新一轮的进发。人类的文明旅程在一次又一次的返源之旅中，实现了价值的提升。

荒野是人类的一种情结和象征。只有在原始的蛮荒与宁静里，在狰狞险峻的生活环境里，像土著一样生活，才深刻地领悟了人类的历史命运。人类就像是一棵寻根之树，在寻归荒野的进程中有了永久的驻留地，因为荒野就是心灵之源、万物之始，是生命之源，又是文明之根，象征着来路，也象征着去路。

三江源国家公园海拔多极、地貌多极、景观多极，较为完好地保有了自然界的原风景。这里风云舒卷,苍茫如海,气势磅礴、奔放热烈,茫茫草原排斥了园林的作意,没有传统文化里细腻精巧、温柔敦厚等等含蓄之美,与更大区域内的高寒气氛相呼应。荒古苍劲的可可西里,辽阔高峻的唐古拉山,气势恢宏的莽莽昆仑,银峰闪烁的格拉丹冬……这是荒原对这片土地的本真塑造,是惊心动魄的创造历程。

即使附着其上的文化痕迹,比如玛尼堆名为"多崩",意即"十万经石",亦可让人感受到世界的大力量与大包容。尽管几十年来的世事变迁较之以往的千年百年来得更为剧烈,但就总体而言,外来人轻易便能够感受到世界原初的精神,那种源远流长的影响力,那种源自高原的灵魂颤动;"精神上的实在性在荒无人烟的景观中得到最强有力的表达……荒野已经与美丽和神圣联系在一起"(霍尔姆斯·罗尔斯顿《哲学走向荒野》)。

所以,荒野和国家公园都能给人以良好的自然教育。爱默生认为,自然能帮助人们实现自我更新,赋予人们与大自然打成一片的豁达襟怀与超脱眼光,能使人们的思想得到升华,从凡庸尘俗的境界中跳出来,重新树立起作为万物之灵长的尊严,恢复一个人所应有的独立自由的精神。2010年,美国动物及博物写家夏勒博士也说过:"人们如此倾心于技术和DNA,以致大学里讲授自然史越来越少……而自然史是知识的基础。

一代又一代的学生对户外所知不多。"荒野和国家公园，都会让人们从更广阔的角度看待自然。

荒野情境属于一种极地体验，因为远离人群，使置身于这种情境中的人社会性大为减弱，而在复杂的社会性关系被清除之后，人的问题便空前地凸显出来。此时荒野承载起人的精神寄托，并作为一个引领者参与塑造着人。荒野不再只是一个地理概念，更是一种思想力量。荒野中的人则通过与自我、与大自然的对话来获得自然的认可，在荒野中，"每一个人付出的代价都是有偿的，那深沉的呼吸，深沉的睡眠，以及群星的融洽无间""以新的力量与人遭遇"，一个人"很难逃脱被控制的感觉，当群星在广阔清澈的天宇移动，清楚地升起和落下。它们显得很大，清澈而颤抖，仿佛带着庄严的、无需宣布的使命在移动，向它们天空中的车站行驶着，它们使可怜的苦恼的世界变得一点不重要了。躺在外面观察动静的你不重要，在灌木丛中不停嚎叫的瘦棱棱的郊狼也不重要了"（玛丽·奥斯汀《少雨的土地》）。

所以，荒野与国家公园具有教化之功，也可以说，是我们人类目前最佳的自然教育基地。除了让人们寻找精神治愈良方，重归大地母亲的怀抱，探究存在的意义与价值之外，更是形塑国家成长与国民习性的地方。它促使人们，在一个更为广泛的地球生物圈共同体意义上，去理解命运共同体的含义。

2009年以来，中国对三江源保护与重视与日俱增，启动了三江源国家公园建设的相关工作。

2015年12月，中央审议通过了三江源国家公园体制试点方案。作为首个试点，三江源正式开启"国家公园"时代，目标瞄准"青藏高原生态保护修复示范区，共建共享、人与自然和谐共生的先行区"。国内第一家国家公园至此已经划清边界，等待着即将到来的从里到外的变革。

2017年的中国政府工作报告出现的12个新词，如人工智能、第五代移动通信等，其中与生态文明建设直接相关的就有4个：蓝天保卫战、河长制、海绵城市、国家公园体制。从这一年起，国家公园开始进入顶层设计。

三江源国家公园共涉及青海的4个县，其中黄河源园区在果洛藏族自治州玛多县境内。长江源园区面积最大，包括玉树藏族自治州的治多和曲麻莱两个县的4个乡，以及可可西里自然保护区。澜沧江源园区在玉树的杂多县境内。

对这4个县来说，新机构的设立不只是岗位调动、编制调整，建立国家公园体制，需要先正本清源。

单就"公园"而论，我国的各种"公园"类型多样，如自然保护区、风景名胜区、世界文化自然遗产、国家森林公园、国家湿地公园、城市湿地公园、国家沙漠公园、国家矿山公园、国家地质公园、国家重点公园及水利风景区等等，十几种不同名称的"公园""保护区"常常相互重叠，在具体的工作实践中不免使人困惑于归谁管、怎么管。就三江源地区而言，这里有以国家级自然保护区、国际重要湿地等为主体的9种保护地类型，湿地、林地、农牧、风景区等都有相关管理部门，条块分割、政出多门、职能重叠交叉，的确存在"谁都在管却谁也不能一管到底"的困境。

多块牌子的背后，呈现出管理体系的混乱和部门利益的博弈。自然保护区虽然是国家级的，但是分布在各州县境内，地方政府对自己境内的土地和自然资源拥有管辖权。保护区里的牛羊归牧业局管，水归水利局管，山归林业局管……保护区管理局与这些部门没有上下级关系，很多时候只能起到协调作用，身份上更像是一个"业务指导"。在这样的生态保护体制下，再好的保护思路，有时也很难推行下去。权责不清，会导致当生态保护与地方利益发生冲突时，最后只能以妥协告终。

三江源自然保护区成立10多年来，在保护理念上已经探索出了很多经验。然而在各种矛盾的冲突博弈之下，唯有再次打破原有的保护模式，在没有更成熟的经验可供参照的情况下，探索建立更科学、有效的全新生态保护体制。

2016年6月7日，三江源国家公园管理局挂牌成立，长江源、黄河源、澜沧江源三个园区管委会一并成立。

国家公园内全民所有的自然资源资产，委托管理局负责保护、管理和运营，按照山水林草湖一体化管理保护原则，对园区范围内的自然保护区、重要湿地、重要饮用水源地进行功能重组，打破了原来各类保护地和各功能分区之间人为分割、各自为政、条块管理、互不融通的弊端。同时，将原本分散在林业、国土、环保、水利、农牧等部门的生态保护管理职责，全部归口并入管理局和三个园区管委会。

这是我国第一个国家公园体制试点，这场改革试图从根本上改变生态保护的现状。不管是生活在三江源地区的人们，还是这里的野生动物，甚至是下游的数亿人口，都不可避免地与这场改革联系在了一起。

2018年9月，中国科学院三江源国家公园研究院也正式揭牌成立。

在环境复杂的三江源保护区内，分布着12个乡镇、53个行政村，以及难以计数的家畜。对世世代代逐水草而居的牧民来说，三江源是他们的家园。人类学界有一个概念叫"地方依恋"，就是人和某一个对他有特殊意义的地方之间，长久存在某种基于情感、认知、行动而产生的纽带关系，当地的山水风物提高了精神的愉悦度，日久年深，会形成一种依赖，那是"一种精神性依恋，指某个特定地方被认为是人们生命中的一部分，并对其持有持久浓厚的情感"。

三江源牧民对于高原生活空间强烈的情感认同和依恋，

随着时世推移，加入到少数民族传统游牧社会向城镇定居社会演化的动态进程之中，他们的情感当然更为复杂。对于他们而言，"乡土"意义上的草原、河流、土地、山脉等日常物象，不言自明地具有渴求归属和寻求遮护的象征意义。

半个多世纪以来，我们一直追求着西方话语里的"现代化"发展路径，自然环境、本土文化之间似乎总存在着按下葫芦浮起瓢的困境。时至今日，我们的确应该认真反思、评估"现代性"对我们造成的理念与影响。比如说，在个别西方国家看来，牧民有自己的生活方式，他们是最不愿意卷入市场经济的族群。然而，三江源的历史经验、现实状况无不在昭示我们，生态问题，其实就是发展模式问题。我们对一些现实问题的认识前提，没有必要同时得到外界的评判，没必要由"现代性"作为参照物，来树立自我的与"民族"的认同。

"艰苦本身并不指向什么。……如果艰难困苦仅只销蚀掉我们的岁月和生命，又有何益呢？"（马丽华《青藏苍茫》）三江源不是满足"世界"和"西方"猎奇目光的"东方奇观"，不是"没有时间、没有历史、一切周而复始、一成不变"的"中国境遇"。三江源的人民理直气壮地享有参与世界发展的权利，可以享受人类文明发展至今的一切成果。

具体到国家公园也是如此。国家公园这个概念，具有明确的限定要素，比如世界自然保护联盟的《保护地管理应用指南》，比如域外成熟的制度运行和实践经验，但也要兼顾我国的现实国情，在更普遍意义与东方文明的基础上，在生态环境与经济发展之间，制定出相关的发展战略，以及相应的价值判断、相应的体系与标准。

我理解的国家公园，不仅是"荒野"，不仅是荒野的保护者，而是一种"赋予了意义的自然"。这同时是对人的关注，也是对人生活并融入其中的自然的关注。在世界国家公园的建设历程中，忽视本土民族主体性，认为少数民族的难处就是贫困，他们需要的只有温饱，故而注重资金和技术支持而不注意对方的主动参与和能力建设，不尊重地方性知识，将本土生态环境与本土人群分割开来，为了环保而环保，不仅环保效果很难令人满意，而且将威胁本土人群的文化生存。纵观国家公园的发展史，这样的例子已经有很多了。

三江源国家公园的主要目标则令人赞许。政府一直在思考和关注着作为前牧业社会基础的高原草场生态环境。三江源不像其他地区，例如黄土高原，很多地方确实没有人类生存发展的条件了。而三江源的相当一部分地区，至今依然可以合理利用，而且经过日久年深的相互依存与磨合，大自然和当地牧民已经大致形成了一种和谐的关系。现在三江源的核心区和缓冲区还有数千牧民，他们不必迁移，当然只能保留少量的牲畜，不能再扩大生产了。

三江源地区的人口密度很低，要是纯靠技术手段，生态保护的效果未必理想，保护的主体还是离不了当地的牧民。所以，虽然政府动员生活在三江源自然保护区的人们退牧还草，生态移民，但是例如黄河源园区保育核心区、修复生态区、利用传统区，通过开辟生态公益岗位，将牧民从草原的使用者转变为保护者，发展生态畜牧业，培育特色有机品牌，破解了保护与发展的难题。社区参与成了实现生物多样性保护目标的重要途径，成了三江源国家公园建设的重要组成部分。

　　国家公园试点成立后，改善园区内牧民的生活质量就被写进工作计划。按照三江源国家公园的规划，目前园区已经全面实现"一户一岗"，上万名昔日牧民，成为生态管护员持证上岗。一个个乡镇管护站、村级管护队和管护小分队，构建起远距离"点成线、网成面"的管护体系。其职责包括制止管护区域内乱砍滥伐、滥捕乱猎等破坏生态的行为，对草原、湿地、林地、河流、湖泊等进行日常巡查，还要捡拾沿途的垃圾。

　　生态管护员领取固定工资。例如昔日扎陵湖旁边的一些牧民，几年前就处理掉了自己的几十头牛羊，从事全职的管护工作。他们手里的马鞭换成了巡护日志，每天的工作就是骑着摩托车到几十公里外的扎陵湖边，观察记录草场、水源和动物种群数量的变化。在玛多县的黄河源园区，2600多户牧民家庭，已经有2100多人上岗，担任"生态管护员"。

生态保护的覆盖面增加了，园区的民生也因公益岗位的设置得到了改善。据当地的管护员说，以前放牧的时候，每年割羊毛挤羊奶的收入大概两万多元，现在做管护员差不多也是这个数目。当然这些收入放在县城，多少要打折扣，因为一户牧民一年要习惯性地吃几头牛和若干只羊，这些就不能像放牧时那样自给自足了。

但无论怎样，三江源始终是他们的家园，离开还是留下，都是为了守望与护卫。国家公园的设立，将使"游牧文化弱化、民族语言弱化、精神迷茫困惑"之类的问题空前减轻，三江源本土民族的生活方式，与社会发展、环境变迁之间的冲突，将始终处在一种良性的、动态的协调之中。

北京大学生命科学学院昂赛乡野外工作站是三江源国家公园内第一座科研工作站，肩负着在地保护、科学研究、公众参与和环境教育等功能。昂赛乡实现了红外相机的覆盖，划分了72个网格，每个网格里放1或2台红外相机，每台相机都有一个牧民来管理，这又实现了当地人自己进行野生动物保护的理想。

在进一步的建设中，依然是时刻兼顾生态保护与牧民安居，三江源还在探索着纯牧业区、农牧交错区、河谷农业区与

196

江河之上
三江源的历史与地理

各个生态系统间的耦合，让资源的空间配置进一步优化，构建山水林田湖草生命共同体。

依旧是连绵的山峦、蜿蜒的河流，或许不再有奔跑的牛羊和扬鞭的牧人，但令牧民们欣慰的是，老家的草场如今成为野驴、马鹿等野生动物的天堂。生活于此的牧人并没有撤离，他们转变了身份，代表着人类的友善与良知，坚守在高原之上。就如同从前每次冰期来临，他们便退到稍暖和一些的地方，冰期结束，他们再重返曾经的故乡。历经严寒磨难的三江源地带，欣然迎来了崭新身份的故人。

所有的努力，有利益协调、矛盾纠结，也有机构整合、生活重建，都是在探索人与自然的和谐共生模式，都是在寻找满足野生动物生存和人类生产发展的平衡点，都是要实现自然资源的严格保护和永续利用。全新的体制探索，很快就有了生态改善的成效。这本就是荒野原初的调解功能，"通过把每一环境变得各不相同，荒野创造了一种令人愉悦的差异。它使得每一个生态系统都具有历史价值，也更加优美，因为任何一个生态系统都是独一无二的"（霍尔姆斯·罗尔斯顿《哲学走向荒野》）。

藏羚羊、野牦牛、白唇鹿、黑颈鹤、棕熊、藏野驴、斑头雁……园区内的野生珍稀动物越来越多，消失多年的水獭、猞猁、兔狲等也常被发现，还有一些是以前从来没见过的。

不论是拳头大小的鼠、兔，还是体型和小机动车相当的野牦牛，都是三江源生态链重要的有机组成部分。山谷里还常有"幽灵猫"（雪豹）跳跃腾挪，一闪即逝，有时还会"光顾"人口较多的县城。

科研人员用无人红外相机持续监测，认定澜沧江源头地区栖息着300余只雪豹，整个三江源被学界公认为世界范围内雪豹种群数量增长最快的区域之一、雪豹连片分布最集中的区域之一。三江源地区全境估算下来，现存的雪豹数量或已超过1000只。在如此高度上，可称得上是地球上的顶级群落。

2017起，欧亚水獭开始在三江源地区频频现身。相关专家表示，欧亚水獭对生存环境的要求很高，从欧亚水獭在三江源地区目前的活跃程度及趋势来看，该物种很有潜力成为流域生态的关键物种，通过惠及其他陆生野生动物，在三江源当地生物多样性恢复进程中将有重大价值。

现代性浪潮对社会生活和文化一步步进行征服，举世滔滔，无可幸免。时至今日，这种浪潮正在向自然界和生命的核心地带发起冲击。而政府动用国家力量，来遮挡现代化的冲击，遮护着这片雪山巍峨、历史深远、神话弥漫、风情与内陆迥异的地理空间。现在提到"三江源"，已然不再是雪山戈壁、不再是荒无人烟的恶劣环境。这里古湖碧波，草木苍翠，就像是鸿蒙初开的创世纪，自然物象仿佛都是第一次呈现，野牦牛和黄羊混在牧民的牛羊群中，长跑健将野驴群、藏羚羊与偶然过往的车辆并驾齐驱，相互对视，眼中闪动着友善之光。三江源成为一种高远的象征，一种发现，一种未被深刻认知的生态，带有混杂性、流动性、融合性的特征。遥望未来，"发展"的概念正被重新建构，"发展"话语的本质、动态变化及其运作模式，都会在三江源这片土地上得以崭新呈现。

我总在想，对于三江源来说，"源"到底应是一种什么样的状态？这不仅仅是生态和地理学命题，更多的倒是哲学范畴的命题。"源"，就是原创的、初始的、纯粹的，色彩特别纯净，浓密度特别高，应当是让人返归到一种类似人类童年时，活得最自得的状态。那种状态给予人的，首先还不是满足，满足后边跟着的，是厌倦与抑郁，而这种初始的状态却总是愉悦的，更有清新、鲜活之感，让人体验到原本没有期待的东西。就像唐古拉山脉主峰各拉丹冬姜古迪如冰川上冰清玉洁的雪水；就像远离尘世的可可西里异常纯净的原野空气；就像新生的婴儿，最是自由，在初生之地起舞，元气充盈，但又内在地收敛着，不断向上升华。

"野性虽说是人类关心范围之外的一种活动，但它代表的并非一种无价值的事物，而是代表一种与我们相异的自由，代表着一种天然的自主性与自然维持的能力"（霍尔姆斯·罗尔斯顿《哲学走向荒野》)。三江源与荒野一致的自由，即意味着异质性、多样性，以及不受现代性规范、未被现代性驯化。荒野的野性、未驯服性蕴含着一种自由的基质，在那里，大自然千姿百态、丰富多彩、各得其所、自由自在，"万物并育而不相害"。

1933年，詹姆斯·希尔顿在小说《消失的地平线》中，构思出了"香格里拉"这个概念。一位英国驻印度殖民官在飞行事故中，迫降到喜马拉雅山万峰之巅中一个"幸福的山谷"，那是位于喜马拉雅山东侧边缘地带的一个幽深谷地，是一个出人意料的乐园，有一种梦幻般"如痴如醉的宁静"，一种"终于来到世界某个尽头和归宿的感觉"，让人想起《创世纪》中的恩典："神在东方的伊甸设了一个乐园给人安居。"在这里，一切美好都具体到可触摸、可亲近，所有的人共享天籁。每个人的生活都真实不虚、朝气蓬勃、充满生机，因为人是自然之子、是荒野的产物。天堂的纯洁、爱与智慧，是幸福的回忆，是永恒的许诺。

黄昏阴影渐浓，夜幕降临，宇宙一派混沌。充满圣意的彩幡，弥散于亦真亦幻的暮色里。在大自然的怀抱中，在冰雪之原上，堆积如山的玛尼堆，以及象征着幸福和吉祥的各种宗教物件随风飘扬，经幡猎猎作响，向上天传达牧人的祝福和感激。在那一瞬间，终于感到三江源不再抽象，不再与人类漠不相关,它直接显示自身、直面自身、昭示真实、启示真理。

　　江河纵横,峰岭相连,月光无声照耀,世界幽静深远,大自然保持着这个蓝色星球上最动人的栖息姿态。三江源不会改变自己的面目,它缄默无语,富有终极意味,悠久岁月与日月星辰在这里浑然一体,刹那万年。

第五章　江河之上

江河之上
三江源的历史与地理

江河：文明的基因

江河的盛景再次唤醒遥远的梦，使我们的幻想富于生气。

——朱耀南《黄河》

大江大河，从本质上塑造了华夏民族的生活情感与民族意识。

翻开中国的古代文学史，很少会看到歌咏大海的华章，很少有《海的女儿》《白鲸》《鲁滨逊漂流记》《辛巴达航海记》那样烟涛微茫的海洋想象。中国古人对海洋的认识，更多地被一种受挫的情感所笼罩，比如百川灌河、顺流而东最终却"望洋兴叹"的河伯；比如殷人东渡拉美的重重迷障，以及徐福、鉴真东渡的中断，以及汪大渊、郑和西渡最终意兴萧索的失落。顶多，我们也只是进行"东临碣石，以观沧海"的远眺，给孩子们讲讲类似于"哪吒闹海""孙悟空龙宫借宝"之类流传于民间的神话。史册里关于海的记载，也往往过于简略粗疏。在诗人的眼中，也多是"海天相接""海天一色""海阔天空"这样装饰感很强的词汇与印象，而没有搏击其中的激荡情怀。

在中国哲人对水的审视与想象中，海水是一种"不通人性的水"，它阔无边际，深不可测，让人望洋兴叹。这可能是中国人对海敬而远之的根本原因吧。冰心有一个叫涵的弟弟，在对大海进行了一番浪漫的想象后，对姐姐说："也许是我看的书太少了，中国的诗里，咏海的真是不多；可惜这么一个古国，上下数千年，竟没有一个'海化'的诗人！"（冰心《往事》之十四）

雄性的海洋之神，会激发冒险的冲动，书写惊心动魄的故事。德国哲学家黑格尔深深体悟着从古希腊人到近代西方人向往大海的情结。他曾经发出深深的感叹：

> 大海，给了我们茫茫无定、浩浩无际和渺渺无限的观念；人类在大海的无限里感到他自己的无限时，他们就被激起了勇气，要去超越那有限的一切。大海诱使人类从事征服、从事掠夺，但同时也鼓励人类追求利润、从事商业……他便是这样从一片巩固的陆地上，移到不稳定的海面上，随身带着他那人造的地盘，船——这个海上的天鹅，它以敏捷巧妙的动作，破浪而前，凌波以行……[1]

作为"海上民族"的西方人，正是由于对海的向往，生发出扬波逐浪、一往无前的勇气。海洋是西方民族重要的生存

---

① 冯天瑜等著《中华文化史》，上海人民出版社1990年版，第56页。

条件，是他们的食物来源与生活命脉，是他们世世代代生命相依的存在。人们"向海而生"，对海洋当然有更多的留意和情感。

而华夏民族的自然环境适宜农耕，农耕文明使人们眷恋土地，他们以江河为生，与江河为伴。虽然比不上大海的浩瀚，河流同样是宏大且神秘的自然现象，也常与天意联系在一起，能激起人们的敬畏和戒惧。

周人先祖就曾多次逐水迁徙，溯洄从之，道阻且长。《大雅·公刘》便是周人自述其创业历程的史诗。"逝彼百泉，瞻彼溥原"，"相其阴阳，观其流泉"，以阴阳的观点审视自己的生存环境，并把江河流水作为定居的首要条件。

江河亘古流淌，两岸沃野，水滨泽畔，终于成为祖先选定的生息之地。那个时代文史哲浑然不分，诗歌舞三位一体，无不氤氲着潮湿的水雾，千载之下，连时间都显得漶漫不清。河流承载着祖先历史，塑造着文明类型，培育着民俗传统，启迪着哲学、文学、艺术的灵感，华夏民族的先民，正是沿着河流的方向，步入端庄雅正的郁郁人文，充满着一种人类纪元意味的美感。

大江大河流经的区域，一般都是城市的诞生之地。文明的初始，就以城市的出现、文字的发明以及金属工具的使用为标志。纵观历史上的文明古国，都在大江大河的近旁。一个个显赫的王朝，也多建都在江河流域。即使是水势略小的河流，其岸边或水流汇聚之地，也多为市镇村落聚居之处。尤其在古代社会，越是河网密布，就越容易产生定居群落。

一个个文明古国就此发端，尼罗河孕育了古埃及文明，幼发拉底河和底格里斯河诞生了古巴比伦文明，印度河哺育了印度文明，黄河和长江促成了中国华夏文明。一条大河足以成就一方文明——四大文明古国，就是江河的赠礼。

"中央，土也，其帝黄帝，其佐后土，执绳而制四方。其神为镇星，其兽黄龙，其音宫，其日戊己"（《淮南子·天文训》）。"土"，即为华夏族所居的平原之地，以农耕为主，对土地有很大的依赖性。"其兽黄龙"，就是以龙为其图腾。黄土高原和华北平原，成为华夏先民活动的生息之地，平原无边，河流密布，是故"中央之美者，有岱岳，以生五谷桑麻，鱼盐出焉"（《淮南子·地形训》）。

从地理空间看，江河是一种流动的景观。流动净化了水的品质，为生存及文明发展提供了至为关键的淡水。江河沿途所携带的各种有机质，可以用来改良土壤，对两岸的居民而言，那是最宝贵的肥料。

河流的航道可以反复无偿地利用，只要江河的水体深度、宽度、落差等符合一定的要求，物流与交通的问题天然得到解决。主流、支流、湖泊、沼泽、水渠、流域、气候等诸多元素，促使国家与政治关系的根据和基础得以形成。温度、土质、物产、地势等，也在无形中推动沿岸居民产生合作与互助的心态，促使共同心理和统一思想的形成。在江河源源不断的启发和熏陶下，文学和艺术也在孕育生发。

公元前10世纪，尼罗河流域就成了很多地中海国家的粮食供应地。尼罗河使埃及人的大河农业文明起源很早，成就非凡。希腊不生产小麦，当地人们所食面包的原粮小麦及其他粮食，都需要通过海上通道从埃及购入，因此埃及成了希腊生计的重要支撑，其文明在承袭埃及文明时，也有了对江河伟力的体悟。

至于继承了希腊文化、从以善治水著称的伊特鲁里亚文明中脱胎而来的古罗马人，也一样怀有对江河的敬畏，认为江河具有无与伦比的自然力量。

古罗马帝国治理江河的历史过程，又是一块承前启后的丰碑，它继承了古埃及文明、古希腊文明和伊特鲁里亚文明中水治理的成果并加以发扬光大，时至今日，人类仍然在享受着古罗马帝国的水文明遗产。

比如对水体充满智慧的控制和利用，是古罗马帝国的显著特征。水成了一种塑造帝国权力、宣示帝国强盛的伟大事物，从公元1世纪开始，古罗马就修建大规模的水利工程，无休止的相关建设一直延续到公元6世纪东罗马帝国时期，并建起了人类历史上最庞大的以城市供水为主要特征的水利系统。这些规模庞大的水利工程，对城市建设与国家治理都产生了深刻影响。大规模有效的水资源管理，正是古罗马文明的一个主要特征。

人类利用江河之水的能力，并非始至水利的出现，它与人类文明的肇始几乎同步发生。神秘的尼罗河现象、古埃及的高度文明、现实生活中对古埃及的粮食依赖，古罗马对水的依赖，都足以让西方文明的贤哲们，对江河产生追问与思索的兴趣。

河流所到之处，便有绿洲，便有文明，在内陆荒漠与黄沙衬托下的缺水地区，更凸显着河流与生命的紧密关联。两河流域远不如中国稳固而辽阔，虽也是两河，却没有中国那样得天独厚的地缘优势，且处在强敌环伺的中间地带。古巴比伦王国、亚述帝国、新巴比伦王国、波斯帝国、塞琉古王国、安息帝国、萨珊波斯帝国、贵霜帝国……王朝如风，无数的沉浮生灭、兴衰荣枯之后，似乎谁都无力在中亚这块土地上久居。

轴心时代形成的古文明，亦多消弭在历史长河之中。有的被罗马化、阿拉伯化，有的被波斯征服，或者雅利安化、穆斯林化。无数的征服、失序、动荡，在深远的岁月里低回。

前面论及的尼罗河流域也是如此。埃及受地理环境所限，疆域不大，生存迂回的空间也较小，只有一长条的河谷绿洲，缺乏足够的回旋余地，且正好处于地中海沿岸，与欧洲大陆隔海相望，东邻西亚，极易受到来自欧洲和中、西亚地区新兴王朝的冲击和震荡。历史的进程也确实证明了这一点，马其顿人、阿拉伯人的侵入，直接导致了当地原生文明的中断。

史事如镜，一览无余。千载之下，唯有中国的农业文明一枝独秀，得两条大河的滋养与回护，元气充沛，阴阳纵横，加持着东方古国，成就了世界上最典范的大河文明。

河，是古代对黄河的专称。黄河源出青海，挟数千里之洪流，贯入秦陇晋豫齐鲁诸州域，雄浑厚重、刚劲深沉，有一种一往无前的风貌和气势。"黄沙白草长城里，古圣先贤相继起。一部辉煌历史书，胥赖黄河创造始! 泾清渭浊并包容，愈见黄河度量宏……"①黄河是咆哮的、粗犷的，表达的感情是内敛的，当然有时也是狂风暴雨的，"天行健，君子以自强不息""人与天地参""人定胜天"等，都是黄河与儒家精神的共同显现。

江，是古代对长江的专称。长江是东方最为盛大的水脉，发源于青藏高原的唐古拉山，穿行于南方的明山秀水之中，那里山高水阔，湖泊纵横，云雾缭绕，弥漫着一种神秘、虚幻和幽深的色彩。长江流域以道家文化为主，由长江之水滋润出来的文化气质空灵飘逸，显示出中华民族达观、诗意、浪漫而

---

① 张剑魂：《黄河颂》，载《黄河（西安）》，1940 年第 3 期。

又深邃的一面，又不乏宏阔的哲学思维，具有一种幽玄与暝寂的特征。道家文化的隐逸意味加上奇幻包容、海市蜃楼、水间精灵、怪力乱神等民间想象，给人以汪洋恣肆的感受与探索的冲动。

梁启超尝问：中国为什么能成为"世界文明五祖之一"？他自问自答："则以黄河、扬子江之二大川横于温带，灌于平原故也。"

"北峻南靡，北肃南舒，北强南秀，北僿南华"（梁启超《中国地理大势论》）。西有高山、北有大漠、东南有大洋，好一个天然的大保护伞。雄浑的黄河文化、清幽的长江文化，中华文明于此屏障间起伏跌宕，传承不辍。假如把这特殊的地理条件，看作是一种天赐，那么上苍待华夏民族确实不薄。

在冥冥中的天启神示之下，两条风格迥异的江河从不相遇，却在与对方的相映互补中显身，由此产生了一种"阴阳生发"式的发展方式，如太极阴阳图般不断生发出新的气象和存在，表现为生生不已、多姿多彩的思想、学术、审美与文明。

中国的江河文明，凝聚着一种千年盼望，具有恒久的稳定性。"日出而作，日落而息"，华夏民众的亿兆众生，勤耕苦作，只盼稻谷丰收。他们早上走出定居之处，在固定（稳定）的耕地上种植庄稼，晚上又睡在定居之所。他们不仅春种、夏锄、秋收、冬贮，一年四季都劳作于相对稳固的耕地上，即使年年都有风霜，岁岁有雪雨，他们依旧在大河的流域上安然栖息，生儿育女。

余光中以诗人的直觉，将长江黄河当成是中国大陆整片土地的譬喻，也在反复的守望与吟咏中，道出了中国江河文明在地理空间上的秘密："中国大陆，就像一把古老而积满了记忆尘土的二胡，长江黄河，就是这把二胡上的两根弦。"

当我死时，葬我，在长江与黄河之间

枕我的头颅，白发盖着黑土

在中国，最美最母亲的国度

我便坦然睡去，睡整张大陆

听两侧，安魂曲起自长江，黄河

两管永生的音乐，滔滔，朝东

余光中《当我死时》

传说北方有一首民歌

只有黄河的肺活量能歌唱

……

如果黄河冻成了冰河

还有长江最最母性的鼻音

余光中《民歌》

一直, 以为自己永归那魅伟的大陆

从簇簇的雪顶到青青的平原

每一寸都是慈爱的母体

永不断奶是长江, 黄河

余光中《断奶》

如果说国家民族想象是一种现代性群体认识的话, 那么有一种更深远的认知, 它不依靠近代政治学意义政权、体制, 而是建立在一种悠久的族群想象中; 这种族群想象, 是一种强烈的"江河情结", 有如血脉之于人体, 江河即像血脉一样, 将国家以自然式的"血缘"关系连接在一起。犹如在余光中的诗句里, 长江黄河不再单纯是地理上的河流, 而是中华民族形成史上一个重大的文化命题, 汇聚着中华五千年光辉绝美的历史文明, 是"两管永生的音乐", 奏响了"双江河文明", 在民族生存和发展中, 有如天赐一般, 提供了进退的余地、回旋的弹性与哺育的摇篮, 并最终形成了一个血肉相连、唇齿相依的民族共同体。也正因如此, 诗人的文化"乡愁"才有了稳妥的安放之地。

从历史上看, 华夏民族与江河保持了至为长期而又深刻的联系, 在这一点上, 没有一个西方国家或民族能与之相比。江河万古奔流, 几乎就是一部中华民族的生存、发展和奋斗史，以其可喜可畏的威仪、亦生亦杀的恩威、能屈能伸的襟怀，成为了中华文明的摇篮地。它不同恒流，自有千秋，无论是作为自然长河还是作为文化大河，都以其自身的影响力，镌刻着中国近代历史的发展轨迹。

　　江河对文明而言，是源头，是根基，有着无可替代的作用。中国文明从古至今没有中断，此种令人惊讶的连续性，正得益于江河文明自身具有的文化自觉与更新能力。如果说对"源"的想象和求索，是中国文化自我设定的追慕与期待，表述的是中国文化返求自身的更新愿望，那么，对江河的向往与回归，则是开创文明新纪元的根本动力。使文化接通"地气"，连通江河，是恢复中国文化生命与根脉之元气。

曲水流觞的往事

> 盖山川风土者，诗人性情之根柢也。得其云霞则灵，得其泉脉则秀，得其冈陵则厚，得其林莽烟火则健。
>
> ——孔尚任

千年以降，中华民族华美庄严的大河文明，塑造了一种牢不可破的精神根性与心灵光谱。中国人往往把自己复杂难言、内涵多样的情感、理念与人格理想，寄托于江河，一唱三叹，兴观群怨，苍老的浮云与涛声，遗传在我们的血管里，悠长的浪潮，拍打着时光的河岸。

作为华夏先民精神活动的产物，中国第一部诗歌总集《诗经》，给人感觉像是在千年前的江河边行走，寻常的草木、采摘、等候、思念……从"关关雎鸠，在河之洲"开始，无不氤氲着潮湿的水雾。《诗经》里赫然可见先民对河流的崇拜、畏惧、依赖、怨念等复杂情感，后人也正是借助《诗经》里记载的多条河流，才恍然得见那久远年代的广阔地域。

《楚辞》是关乎长江流域楚地的对话与想象，为我们展现了一个瑰丽奇异的江河世界，也充溢着浩渺苍茫的江河气息，蕴涵着大自然强烈和谐的生命躁动。《楚辞》中很多篇目直接与江河有关，如《湘君》《湘夫人》《渔父》《河伯》等等。屈原笔下的河伯，还有湘君和湘夫人，飘逸出尘，令人悠然神往。

再如"竟陵派""江西诗派""桐城派"等等，其文化心理和审美意蕴，无不附加着浓重的江河色彩，充分展示着河流文化形态的蜿蜒性、丰富性、物种的多样性，一河之隔，水绕沙洲，充满了亲切、温馨的人情味和生活气息。人与江河形成唇齿相依的共生之美，承载了一个民族原初的心理体验与审美感受。《诗经·大雅·江汉》：

江汉浮浮，武夫滔滔。匪安匪游，淮夷来求。

四方既平，王国庶定。时靡有争，王心载宁。

《大雅·江汉》作于周宣王时期，叙述周天子派军队讨伐淮夷一事。"浮浮"是说长江、汉水广大浩荡，"滔滔"则是说出征的将士人员众多，威武雄壮。江汉的大水与出征将士的盛大气势相互映衬，可以从中体味到力量和决心。江河本身带着威慑的力量，它不允许其他人贸然地接近。这也让人深深地感到，江河与人，更多的时候是泾渭分明的，万古江河不站在人的一边，它只是用旁若无人的浩荡与喧嚣，来表示自己的立场。《诗经·大雅·常武》：

> 王旅啴啴，如飞如翰，如江如汉。

《大雅·常武》是用奔涌不息的滔滔江水、汉水来比喻周朝王师的声威气势。千流百川，带着一种充沛浓烈的情意，一路过滤世间的贫困和战乱，最终都归于大海，既有苍茫之远、凄婉之幽，又显刻骨铭心、荡气回肠。《诗经·召南·江有汜》：

> 江有汜，之子归，不我以，不我以，其后也悔。
> 江有渚，之子归，不我与，不我与，其后也处。
> 江有沱，之子归，不我过，不我过，其啸也歌。

江河奔涌，且分且合。这种景象也被我们的先民敏感地捕捉到了，于是有了这首《江有汜》。"汜"是小支流出于大水又回归大水，"渚"是水中露出的高地，它把流水分开，但流水经过渚以后又汇合在一起；"沱"是支流，也是小水，最后入于大水，所以"江有汜""江有渚""江有沱"都是水流始分终合之象。

这是一首出自女子之口的怨诗，他所热恋的男子在返回时，表现的冷漠与薄情，令女子无比伤心。然而浓烈的情感，就像细微而深邃的暗流一样静默无声。绵长的等待、压抑的怨愤和无言的自伤，像命运的大水无情地碾压过平淡的生活。当然千载之后，我们看到的，仍是诗三百"哀而不伤"的气质，没有抱怨，也没有控诉。虽然物已非，人不在，过往的一切就像历经时间淘洗的江河，唯余奔涌和无心的相照。

《诗经·郑风·秦洧》：

> 溱与洧，方涣涣兮。士与女，方秉兰兮。女曰："观乎？"士曰："既且。"且往观乎洧之外，洵訏且乐。惟士与女，伊其相虐。赠之以芍药。"

正值阳春，桃花水起，溱水与洧水流量充沛。《郑风·溱洧》描述古时郑国男女借着祓禊的时机，在溱洧两河游春相戏，互结情好的情景。祓禊仪式，包含在河边用香薰花草沐浴，去病患、除鬼魅、作祈禳等内容。《周易》有"涣"卦，讲的都是庄严盛大之事，"涣涣"正好用来形容溱洧之水。我们的远古祖先忘情于天地，相聚在春情勃发的江河边。河岸上肩摩锺接，青年男女拿着兰花出游，在暗香浮动的江风里诉说着甜言蜜语。

  水花从脚下飞起，古老的农事与歌谣里，含纳着悲欣交集的爱情往事。周代礼教初设，古风质朴，青年男女的交往尚较少禁忌。尤其规模盛大的聚会活动，是周代婚恋的独特景象。

翻开《诗经》，恋曲多见于《国风》，尤以水滨为胜。被除不祥的祓禊活动，已让位于不期而遇的爱情，"仲春二月，奔者不禁"的萌动生机，使他们无拘无束地在华夏文明的开端尽情吟唱。临别时男方赠女方以芍药，尽管"溱洧"这样的河流意象，体现着爱情中遭遇的挫折和阻碍，然而未来的心上人是走向阡陌纵横的田野桑林，还是走向远嫁的官道车马，不必想也不用提了，此刻是爱情的天和地，是凝固在清澈玄远、春水泛滥之中的柔情时刻。

《诗经》中还有更多追求爱情的诗篇，也发生于河畔。《诗经·小雅·菁菁者莪》：

> 泛泛杨舟，载沉载浮。既见君子，我心则休。

杨木舟时高时低，随着波涛上下漂流。直到看见端庄温和的君子，我的心里再也无忧。江河水有时是盛大喜悦的，有时又是情感虚实不定、阴影斑驳交错的。舟船的起伏波动，有时又是一种痛苦和折磨，那不是一种自由自在的状态，尤其对舟楫不利的先民而言。

那些个载沉载浮、心绪不定的白天和夜晚，江水就在身边浩大地鸣响着，站在岸边，看天上是一片片淡淡的水墨，下面是不平静的水流。淑女与君子，乃至时光与记忆，隔着同样一条河遥遥相望。水声嘹亮而旷远，如同周而复始的白昼和黑夜，掩盖了不平静的心。

牛郎织女的传说，是经典的中国神话，正是一条不无可逾越的天河，使得一对有情人天各一方。《古诗十九首》中《迢迢牵牛星》等作品，也是对此的隔世回响。《诗经·秦风·蒹葭》：

蒹葭苍苍，白露为霜。所谓伊人，在水一方。

溯洄从之，道阻且长。溯游从之，宛在水中央。

《蒹葭》一诗，被王国维在《人间词话》称之为"最得风人深致"，其意境清悠静谧、典雅空渺，又浑然天成，毫无修饰之感。这样干净的诗篇，本身就如生命初始的纯正之气，在岁月深处的河床上升起。尽管天刚拂晓，晨曦稍露，人的视觉此时却变得分外敏锐起来，能看到河岸有丰茂的芦草，河中有微寒的水光，如雪芦花从风而起，水中汀洲间闪过一角裙裾飞扬，似有佳人伫立在小舟上，使人生出仰慕追寻之意，哪怕道路险阻、曲折漫长。这样的神作，只能是属于那个遥远的神话年代。多少歌吟，都随浪花泯灭，都随烟波消逝，眼前只有澄江如练，云雾如织，苇丛中划过一只竹筏，逐浪而去。

《诗经·周南·汉广》：

南有乔木，不可休思；汉有游女，不可求思。

汉之广矣，不可泳思；江之永矣，不可方思。

南方有树枝叶高，树下行人休憩少。汉江有个曼妙少女，想要追求却徒劳。浩浩汉江多宽广，不能泅渡空惆怅。汉水汤汤长又长，纵有木排渡不得——江汉的浩渺使得歌者再三咏叹，不可逾越的障碍，让思慕变成了难耐的折磨。心中的向往和现实的苦难之间，总会有一条让人忧伤的河梁，最终只好放弃，只能放弃，

也许这正是江河的本质，不能从中间切断，有始有终，横绝其上。对生命的境遇，最终我们只能以江河一往无悔的决绝来解释，命运最终会教育我们，使我们获得宿命的平静。我想象着与我相隔千年之遥的那个男子，坐在夏日的乔木下，看着滔滔不绝的汉江水从身边流过，扬起的水花打湿了他的衣衫。在一个个周而复始的晨昏，对岸女子的美丽形象，终于开始在他心里无望地消弭。他离她如此之远，一条江河宽广如星汉，而他也正先于她渐渐老去，内心终于变得平静如水。

还有像《匏有苦叶》《竹竿》等诗，写尽了江河阻隔可望而不可即的怅惘。

追寻《诗经》与《楚辞》的如水文心，历代文人常在江河之滨吟咏胜迹，将自己的心绪与滔滔流水结合，以水托志、临

水叹命、借水喻阻、见水思乡。有人一生宦游坎坷，身世飘零，于是感慨"大江流日夜，客心悲未央"（谢朓《暂使下都夜发新林至京邑赠西府同僚》）；有人听闻天地间的自然之声，无论是落木萧索，还是江河奔涌，"无边落木萧萧下，不尽长江滚滚来"（杜甫《登高》），会有瞬间领悟宇宙造化的激越与沉雄。一代代迁客骚人、缁流羽士，一代代诗词歌咏、小说曲赋，道不尽中国士人与江河的亲和感情，以及对江河的依赖，就是在民间文学中，也同样充盈着清新的水气，是耕织渔桑的散淡宁静，亦有引水莳竹的闲逸潇洒。这是国人生命体验与江河环境长期累积的互动，才会有人心与自然的水乳交融。

中国古代的士大夫阶层，常有江河泽畔的聚会唱和。这样的诗会每每"裙屐交错，车马载途，既茗话于名园，复飞觞于酒阵"，是独具东方情韵的文化空间和创作现场。春光妍媚，栖水高逸，会无杂宾，诗酒言志，在整体性的阔幅水景之中，尤其突显了中国文化雅集与水境的关系。阔大奔涌的江河，在此时变得诗意盎然，水静流深。

"……此地有崇山峻岭，茂林修竹；又有清流激湍，映带左右，引以为流觞曲水，列坐其次。虽无丝竹管弦之盛，一觞一咏，亦足以畅叙幽情……"历史上非常有名的一次文学聚会，就在水境的环绕之中，那是东晋永和九年三月三日，即公元353年的上巳节。王羲之邀请了包括谢安、谢万、孙绰、许询等人在内的数十位名流学士，雅集兰亭，地有湖山之胜，人多俊逸之才，具一时之选。他们按长幼年齿，列坐于曲水之旁，追步前贤，分韵赋诗。

在清幽唯美的气氛里，与会者共创作出37首诗篇，王羲之的《兰亭集序》正是为此而作。集中诗篇在后世默默无闻，倒是这篇序言本身却籍籍以传。

兰亭之聚，机缘是一次修禊活动，这样的民俗是基于对江河诸多功德之信奉，形成于农耕族群对江河的感恩。修禊仪式包含了用香薰花草沐浴、去病患、除鬼魅、作祈禳等内容，春秋时郑国便有此俗："按《周礼》，女巫掌岁时以祓除疾病"；禊者，洁也。《后汉书·礼仪志》亦载："是月上巳，官民皆絜（洁）于东流水上，曰洗濯祓除……絜者，含阳气布畅，万物讫出，始絜之矣。"

春日万物生长易生疾病，于水上洗濯，更有防病疗病之效。魏晋后上巳节，由三月上旬巳日改为三月三日，这一天"洛中公王以下，莫不方轨连轸，并至南浮桥边禊，男则朱服耀路，女则锦绮粲烂"。王公大臣、文人学士多在这天踏青水边，以至在杜甫的《丽人行》中，此俗仍然可见。咏上巳佳节的诗赋中，常有对江河的讴歌，像夏侯湛《禊赋》、张协《洛禊赋》、阮瞻《上巳会赋》等皆是。沈约《三月三日率尔成章诗》"清晨戏洛水，薄暮宿兰池"等，描绘的就是河边踏青游玩的场景。

除了清新疏朗的《兰亭序》，随着中国文学从经学、神学中解放出来，江河边修禊祈福的活动，渐渐呈现出多种美学风貌，有林泉山石的清远适性，也有浩渺波涛的恣肆逍遥。

　　先秦时期，中国文人就有了以水体道、以水比德的艺术体悟。到魏晋时期，文学批评中大量出现以江河（水流）来比拟创作状态的现象。如：

　　浮天渊以安流，濯下泉而潜浸……石韫玉而山晖，水含珠而川媚。（陆机《文赋》）

　　可谓太山遍雨，河润千里者也。（刘勰《文心雕龙·宗经》）

　　形在江海之上，心存魏阙之下。（刘勰《文心雕龙·神思》）

　　文之为德也大矣，与天地并生者何哉？夫玄黄色杂，方圆体分，日月叠璧，以垂丽天之象；山川焕绮，以铺理地之形。此盖道之文也。（刘勰《文心雕龙·原道》）

　　然屈平所以能洞监《风》《骚》之情者，抑亦江山之助乎！赞曰：山沓水匝，树杂云合。目既往还，心亦吐纳……（刘勰《文心雕龙·物色》）

陆机把江河的存在状态，作为文学艺术结构形式的象征，用川、江之势，比喻为文之理；刘勰用"山川焕绮，以铺理地之形""江山之助"等富于哲思的话语，品味自然造化的生机流动，归纳河流对于文学创作的重要性，江流河川，是作为人文之本的道之显现；江河水滨为文化空间，是不可或缺的环境美学视角。在刘勰看来，文心通水心，文与水，形虽异而心机同，这是一种奇妙的神似。写作构思过程中的思绪闪动、灵感如泉，就是在不自觉间得自于山川风物的帮助。江河水流与千古文道相近相通，相应相求，由此产生了一种化人身心的赏心自得，一种近乎通灵的创作状态。

文心如缕，遍及万物，"源""流""清""深""浅""渊""浮""滥""润""溢""游"等等，融化在极富中国文艺理论色彩的思维方向和文学观念里，生命活动与山川自然、天地万物、江河运行之机相呼应、相沟通，是为天地运化之妙境，最是激发性灵之天机，正是自然与人文美感的欣遇与辉映。

"江山如画""无限江山"之类的名句，彰显了河流与山峦是中国人心目中的最美的风物。江河给诗人以极大的美感和灵感，"山随平野尽，江入大荒流""星垂平野阔，月涌大江流""江流天地外，山色有无中"，缩万里于咫尺，是江河远去天际的宏大画卷；"隐隐飞桥隔野烟，石矶西畔问渔船。桃花尽日随流水，洞在清溪河处边？"张旭的《桃花溪》展示给我们的，则是无限柔美的意中之景；"黄河之水天上来，奔流到海不复回""孤帆远影碧空尽，惟见长江天际流"，则显得汹涌壮观，势不可挡；"惊涛拍岸，卷起千堆雪"，更有一派涤荡世间万物之气势，展现的是雄浑与劲健的壮美；"君不见黄河之水天上来，奔流到海不复回"，"滚滚长江东逝水，浪花淘尽英雄""浪淘尽、千古风流人物"，则以挟天风海雨之势，寓历史的浩叹与江河，令人心潮起伏。汉乐府《长歌行》"百川东入海，何时复西归"、陆机《叹逝赋》"悲夫！川阅水以成川，水滔滔而日度；世阅人而为世，人冉冉而行暮"，无不以自然界万物的生生不息和水流的急遽，映射人世今昔盛衰的无奈与惆怅；"积雨悲幽独，长江对别离"（刘长卿《雨中过员稷巴陵山居赠别》）、"一水阻佳期，相望空脉脉"（刘长卿《京口怀洛阳旧居兼寄广陵二三知己》）则道尽送行之苦、离别之慨。邵雍《天津感事吟》："水流任急景常静，花落虽频意自闲。不似世人忙里老，生平未始得开颜"，则借助流水、落花的自然形态，表达出世与入世的领悟，促人回归心灵的宁静和闲适。

伟大的河流孕育了人类文明，逐水而居是人类的天性。中国文人散布在广袤的江河流域中，江河环境为他们提供了独特的创作氛围，他们用文学书写的方式，建构着以江河为环境特征的艺术天地，江河的曲折逶迤，使得书写江河逐渐成为恒久的文学母题，非常适合成为人们在精神意绪上的寄托和隐喻,随着时间的推移,这些原型与母题渐渐演化成一种特定情感,甚至又反过来建构了他们的文学经验与文学观念。这种双向建构,使得中国文人和江河环境形成了相互依存、共存并演的耦合关系。

长河无语,大道不言。对于中国人来说,"江河"不只是一个自然地理名词,而是一种令人动容的深沉情感,在华夏民族悠长的文化想象里,穿透尘封的历史,承载着一个伟大文明的价值和情感,充满着一种富于情义的精神和力量。

行尽潇湘到洞庭

　　河流给我们带来了遥远之地森林和土地温馨的气息，带来了异域的城镇与村庄美丽的映象，我常常想，无论什么时候来到河流旁，即使此刻深怀苦楚，我也应当微笑，让它把一个陌生人的善意与祝福带到远方，使下游的人们同我一样，对上游充满美好的憧憬和遐想。

　　　　　　　　　　　　　　　　——苇岸《大地上的事情》

　　江河是生命之源，有江河滋润的地方，生活不会太过艰难，也容易催生浪漫优雅的文化与艺术。江河赋予人们圆融旷达的生活观念、情理兼洽的人格结构、舒徐从容的文化品格，以及沉稳忠实的精神气质。

　　中国江河文学的世界，更是表达着几千年来中国文人代代相承的共通的感受，以其绵长、包容与流动，映射着人类情感的性灵与心声。

　　如果说"群山"是"民族"的脊梁，忍辱负重，承担着一个民族所有的苦难，那么，河流则更像国家的血脉，民族国家通过"河流想象"被本原化、本质化了，文学书写构建了民族国家源远流长的历史，造就了一种共同享有的、深信不疑的、强烈的、精神上的踏实感。

　　历史有如一道不息的洪流。随着时间的推移，江河开始在当代文学中扮演重要的角色。始自20世纪80年代的"河流热",记录了特殊年代的社会情绪、文化美学以及政治征候。无论是江边河畔或处于"干枯缺水"状态的山乡,"在江河中寻根",成为一种共通的探索趋势。江河主题多声部的交响,凝结了民族心理和地域文化,江河基因在神话、传说、历史和民俗的诗性重构中现身,彰显了时代话语的冲动与想象。

如张承志的《北方的河》、李杭育的《最后一个鱼佬儿》、郑义的《老井》、张炜的《古船》、贾平凹的《浮躁》等,诗人中昌耀、海子和骆一禾等也有大量的作品指涉江河。此外,《夜泊秦淮》(叶兆言)、《河边的错误》(余华),《枯河》(莫言)、《秋水》(莫言)、《山河入梦》(格非)、《额尔古纳河右岸》(迟子建)、《清水洗尘》(迟子建)、《河岸》(苏童)等作品,都在不同层面上与河流有着或隐或显的关系,这些作品以风情化、人文想象、文化塑造等手法,使河流由"地理空间"转为"文学空间"和文化景观。

在那个年代,甚至很多诗人的笔名都与河流的元素(如波、浪、流、渡、涛、沙等)相关,比如江河、西川、欧阳江河、西渡、孟浪、宋渠等,我们由此可见,江河的形象在诗人无意识的社会理想与文化想象中,占据着什么样的位置。民间文化的勃勃生机,显示为一种集体愿望,被刻写在民族河流所呈现的幻景中,催动着思维方式的急剧转型、社会文化格局的激烈动荡，涌动着重铸民族魂的巨大热能。

当代作家群体多出身知青，他们的写作经验始于个人的下乡、插队记忆。他们生于特殊的社会环境，有的还到过尚未开化的原始和边远地区，常常"缘水而居"，被古老又新奇的民俗民风、神秘的宗教仪式以及奔腾的河流所吸引。这种生涯赋予他们一种文学地理的经验，以及一种寻根（源）的冲动。在消沉迷惘的岁月里，这种冲动逐渐形成自觉的文学追求，折射了寻根（源）文化的履痕与踪迹。

在《北方的河》中，遍布中国北方的大河构建了不同的中国形象，江河成为塑造中华民族的原型力量。无定河"曲流宽谷"的沉静阔大，黄河的汹涌不息和缄默的苦难，额尔齐斯河的自由和清新，湟水流域古老的彩陶流成了一条艺术长河，永定河谷的沙砾铭刻着古老岁月的梦境，最后遥远的黑龙江突显了一种原发性的生机和力量。这些河流的冰封与沉默、解冻与欢唱，展示了华夏民族往复生息的文化气质，清晰标识着中国文化和历史的流动性与多维向度。

在《北方的河》里，主人公上瘾似的见一条河就横渡一条河，早就习惯了那冰水刺骨的激流；"抢着去沼泽里寻找丢失的马，顺着河岸的土路运送粮食"。对自然河流的亲近性，使作品深入自然地理、历史文化、民族精神的深层，河成了主人公践行人生的精神介质。

比如说《额尔齐斯河》，"那条河是被哈萨克的真挚情歌和阿勒泰山的雪水养大的，它一直浩浩荡荡地流向北冰洋"，那条河"看重诺言和情义，也看重人的品质"；"是坚强、忠诚和敬重诺言的"，"尽管人们都已经不再用那河边上的规矩待人律己，可是那条河记着一切"。粗野与温柔、传统与文明，将"那些故事还留在额尔齐斯河边上"，它是"北方的河"的真正起源，而且在整个大河谱系中，这条"自由而宽广的大河"，"深具边疆气质"，是生命力涌动的象征，已被作者纳入了民族意识形态的构建中，"从不可见的，有边界的领土空间的角度想象国土"。

　　比如说作者还通过对湟水的描述，来建立人对自己身处位置的文化理解。"弯曲的湟水河滩、原始森林消失后变成的台地、土壤、植被、引湟水浇灌青杨树的老头、暴晒在阳光下的黄土浅山、水沟里的满满的彩陶碎片、彩陶上神秘无言的象形人……"灼热的言语刻画出静谧、神秘的湟水河滩，隐含着对原始野性、刚健之美的原初生命力的渴求。

　　还有永定河，这条河总在无言地激励着他："你应当变得深沉些，像这忍受着旱季干渴的河一样。你应当沉静，含蓄，宽容……在号角吹响的时候，带着惊雷般的愤怒浪涛一泻而下，让冲决一切的洪流淹没这铁青的砾石戈壁，让整个峡谷和平原都回响起你的喊声。"河流的气魄与品格，无不源自文化经验的空间沉淀。

关于河流的漫游，蕴涵的正是整整一代青年人的精神诉求。主人公在梦中亲见了那条冰封半年之久正在开冻的"黑龙"，"一声低沉而暗哑的、撼人心弦的巨响慢慢地轰鸣起来。整个雪原，整个北方大地都呻吟着震颤着。迷蒙的冰河开冻了。坚硬的冰甲正咔咔作响地裂开，清黑的河水翻跳起来……这河苏醒啦，黑龙正在舒展筋骨……黑龙江解冻了，黑龙就要开始飞腾啦。"一种沉雄苍凉的崇高感和坚韧深厚的力度感将叙述推向高潮，江河日夜不停地喧闹，正是原始生命的呼喊与青春的律动。

从额尔齐斯河来到黑龙江，"这些河流勾画出半个中国，勾画出一个神秘的辽阔北方"。《北方的河》通过追溯中国文化的根源，反思中国的历史进程，通过北方几大河流的书写，礼赞了民族国家新希望的图景。

大漠长河，最能著就雄性诗篇。昌耀是20世纪80年代的诗人，因其卓立高原的奇崛诗风，以及独行漠野大荒的个性风格，被称作"边塞诗人"。他走向黄河长江的源头，将随身携带的汉文化融入高寒土地，大量诗作在激荡的情感中，孕育着民族重生的启示性图景。他笔下有佩戴金虎符的女真和蒙藏贵族，有寻源大河、统领江山的王者，各姿各雅山泉、大荒铜铃和铁锚海月相呼应的旷野，这些绝美的原型符号，让作者深深沉醉于中国式的民族国家想象不能自拔，民族神话的起源、记忆、离散、战争、苦难，统统融入对先驱者前行轨迹以及历史性时刻的无尽追索。

昌耀的《青藏高原的形体》，是一部包含6个部分的史诗，描述了重新探索中国的旅程，通过对黄河源头的考察，去追溯河流的神话、历史、文化与地理。在《之一：河床》中，"白头的巴颜喀拉、白头的雪豹卧在鹰的城堡、唐古特人的马车、黄昏中跋向天边的三条腿的母狼"——携带着万古高原博大粗莽历史与神话的声响——"我是时间，是古迹。是宇宙洪荒的一片化石"；大河在源头位置原生力饱和性的汇聚，吸纳了向下一泻千里的势能，伴随着拯救与重生的期许，从祖国的陆地流入海洋："我答应过你们，我说潮汛即刻到来，/而潮汛已经到来……"一种精力无穷的创造和气概，伴随着对民族身份与精神崇高性进行的神话—诗性的探寻，焕发出无比自信、无比雄劲的史诗气象。

在诗歌《寻找黄河正源卡日曲：铜色河》中，不同于第一首中原型抒情的"我"，说话的主语在这一章变成了复数的"我们"，暗示了集体所承担的探求："从碉房出发。沿着黄河/我们寻找铜色河。寻找卡日曲。寻找那条根。"在昌耀的笔下，青藏高原之上河流的源头转喻为树的根，使得对河流源头的寻找，变成了对某些基本事物之根基的寻找：中国文化的根。

"我们"被赋予这样一个崇高任务,被"亲父、亲祖、亲土的神圣崇拜"所驱使,预备去探索中华民族与中国文化的源头——"我们一代代寻找那条脐带。/我们一代代朝觐那条根。"

江河源的风景美学,加上高原的史诗性风景,成就了作者对历史、神话、民族和英雄的回溯性想象与重塑。在黄河源头,"我们"找到了一棵深深扎根的大树,"生长"出中国的神话家园:

> 而看到黄河是一株盘龙虬枝的水晶树
>
> 而看到黄河树的第一个曲茎就有我们鸟窠般的家室
>
> ……河曲马……游荡的裸鲤……

昌耀对黄河源头的史诗探索,是通过地理意义上的"河流"、通过"河流想象"来构建民族国家认同。通过将河流构造为一棵神话之树,"我们"在第一条支流里发现,中国文化之树的原始灵魂正在成长、开放,最后结出果实:"腾飞的水系",成为汹涌而诗意的精神图腾。

"铜色河边/有美如铜色的肃穆",这是经过对中国江河源的朝圣而生出的灵魂净化。作者不再像从前的诗人那样,从古典史籍、宫殿遗址、文物珍宝、圣贤精英、帝王将相那里去认识中国,而是开始从河流和源头的视角出发,去领悟这片博大的土地；正是在残留着古老回声的江河源，埋藏着中国文化生生不息的隐秘信息。

如今，虽然始于20世纪80年代的寻根文学已成往事，但文化寻根之路在中国大地上越来越广阔。河流是那个年代中国人深层心理集体无意识的觉醒，也承载着人类原始心理经验的积淀，是引导人类返回生命最深处找寻精神寄托的源泉。可以说，江河融入了历史上不同时代作家的生命和文学创作中，历时性地倾诉着人类共通的情感。"大河漫游"的文化想象，尤其重绘了改革开放初期国人的精神空间以及地缘意义的民族身份，江河原型与根系中涌动的源头活水，会把两样东西永留于世，那就是精神的翅膀与文化的根。

对江河源头的探寻，也就是对自然之谜、存在之根、民族血脉的追索。"随着世界一体化程度的不断加深，越来越多的无根之人，会在他们熟悉的种族联系与文化传说中寻找庇护。"[1]在华夏民族悠长的文化想象里，江与河最能承载一个伟大文明的价值和情感，充满着一种富于情义的精神和力量。日久年深，黄河文化的深刻内涵，加上长江在历史与文化上的演进，逐步印在国人的血脉深处，随着"中华民族"对江河漫长的认知和凝聚过程，最终成为中华民族历史传承的母体性

---

[1] 〔英〕安东尼·D.史密斯著，龚维斌、良警宇译《全球化时代的民族与民族主义》，中央编译出版社2002年版。

江河之上
三江源的历史与地理

象征。这种象征的存在，也使得这片土地在经历了那么多大动荡、大分裂、大混乱后，中华文明仍然能够在与异域和异族文明的交流、冲突和碰撞中恢复生机与活力。

台湾作家齐邦媛的《巨流河》，是一部壮阔幽微的自传体史诗性著作，也在不经意间，借一条长河，展示着老一辈学人寻源的冲动与持久的信念。《巨流河》结尾处写道："我到大连去是要由故乡的海岸，看流往台湾的大海。连续两天，我一个人去海边公园的石阶上坐着，望着渤海入黄河，再流入东海，融入海潮的太平洋，两千多公里航行到台湾。绕过全岛到南端的鹅銮鼻，灯塔下面数里即是哑口海，海湾湛蓝，静美，据说风浪到此音灭声消。一切归于永恒的平静……"

作者心里有一幅万流归海的"心灵地图"。一个族群之所以成为一个族群，是依靠水脉相连、血脉相通的共同历史记忆形成的。从巨流河到哑口湾，中国大陆北端的辽河之水缓缓流到台湾南端的垭口湾，或从山河小溪、涓涓细流的神秘长江源到漫漶无边、奔流入海的富庶河口，虽隔千里，但浑然一体无法分割，呈现着中华民族整体表征。形聚神离的"千山万水"，原来还是"同一条江"。当"同一条江"这个地理元素，成为一种文化象征的时候，这种象征会深深映在作家的情感深处，并深刻影响其作品内在的气质与秉性，无论岁月流逝、朝代更替，都无法撼动、无法改变。

彼岸之河（代跋）

> 一条河流的歌一般都是指河水在石块、树根和险滩上所弹奏出来的旋律。这时，你就可能听见这种音乐——无边无际的起伏波动的和声，它的乐谱就刻在千百座山上，它的音符就是植物和动物的生和死，它的韵律就是分秒和世纪间的距离。
>
> ——利奥波德《沙乡年鉴》

多年以来，我一直有一个模糊的理想和热情，希望用一种相对浅易的思想理念和学术方法，画出一幅比较完整的中华民族的文化或文学地图，我认为这是一件有意义的事情。文化解释能力是重要的，它可以让中国的知识人能够真正与当代世界进行平等深度之对话，尤其在我们正在复兴的大国文化语境下，这是一种迫切的需求。它又有自己的原创性，能够拓展中国文化普及与发展的视野和思路。

江河，就是文学地理学视域中的一项重要内容。人类和江河的关系，应该通过人文地理的多重视角，去进行充分的揣测与认识。

十几年前，中央电视台的"国家地理"频道曾经进行过一次谈话节目，主题是对新节目《再说长江》的阐述。节目总编导对以往的作品进行了文化性的反思，他认为在20世纪80年代的时候，由于那时热衷于"从民族说国家和世界"，于是"人不见了，事不见了，长江也不见了"。而在今天，随着中国国力的日趋富强，回头去看，才明白一个道理，那就是："个人可以见证历史，城市可以见证国家，长江可以见证民族。"这也就是《再说长江》诞生的理由，中国的学界、传媒以及更广大的民众，希望在走过20多年的风雨历程之后，能够借助对长江的"再看""再说""再想""再认识"，来"透视出整个中华民族的复兴与前进"。

我们可以看到，在此一过程中，民族国家想象被本原化、本质化了。江河这个母体里有一种血统、一种水土、一种创造的力量。江河更有一种共同享有的、深信不疑的、强烈的、精神身上的踏实感。这就是人文地理学的作用，它似乎能最迅速地建立起人对自己身处位置的文化理解。

任何民族文化的产生和发展，都离不开它所依托的自然环境。大地上的景物如同小说中的修辞，蓄满想象力。在人类文化形成和发展的漫长历程中，地理因素对人类文化形成之影响如影随形。在西方，从历史学之父希罗多德到亚里士多德，直到近代的孟德斯鸠、黑格尔等人，也都对地理环境与文化发展之间的关系有很多论述。近人梁启超则著有《亚洲地理大势论》《中国地理大势论》《地理与文明之关系》诸文，从宏观的理论原则上立论，凡是生活在一定地理条件范围内的民族，其民族系统必然要同周围的自然环境（地理环境）发生关联，亦即系统与环境之关联。

一定的自然环境（地理条件）必然对该环境内的民族输入一定的物质、能量、信息。梁启超认为："地理与历史，最有紧切之关系，是读史者最当留意也。高原适于牧业，平原适于农业，海滨河渠适于商业。寒带之民，擅长战争。温带之民，能生文明，凡此皆地理历史之公例也。……故地理与人民二者常相待，然后文明以起，历史以成。若二者相离，则无文明，无历史。其相关之要，恰如肉体与灵魂相待以成人也"。（《中国史叙论》）河流与文化的关系，像人身上的血管一样，正是由于中西方所处地域的自然环境大不相同，因而孕育出各自独特的文化类型。

从另一方面看，人又不是完全顺应于自然的存在动物，他能够对社会与自然的存在，构造出一种别样的含义。对所有的自然存在而言，人都可以在长久的沉思与遥望之后，赋之以另一种蕴含、造型和意义，并使其融入人们的思想意识中去。

所以，"人文地理学"是较为特殊的学科，它将科学和人文组织交合在一起，通过科学式的实证主义，最后竟然建立起了"文化"的权威地位，被科学"证实"出来的地理学上的知识，被用来探讨民族文化的个性特征。

我试图将感性体验、历史文献和相关资料结合起来，将地理历史、人文脉息和集体记忆结合起来，凭借江河"人文地理空间"，为"三江源"提供更广阔、更充足的文化经验。在《江河在上》这部作品的创作过程中，每每有一种苦心孤诣的感觉，这种沉重感，可能就是因为本书隐含着重新探索中国历史之旅程的跋涉。

夜色苍茫，道阻且长，在荒原与大河、乡村与城市空间中，江河总能助我在自我辨识的过程中积聚力量、指引方向。我通过对河源、江源以及中国人关于江河的文化情感，去考察和追溯河流的历史，并期待寻找中国文化的源头。江河文明的厚重与庄严，也激发着我去全面思考除文化哲学外，更多关于自然生态、国家在场、民族身份等诸多问题。

作为一种远古思维的代表性文本，中国上古流传下来的经典《山海经》，全书不过31000字，却记载了300条江河水道，以及与此相关的道路、风土、物产等。尽管在前清《四库提要》编纂时有人对这部书表示疑义，曾称其为闭门臆造的小说，但通过相关研究看，它的核心是巴蜀文化，也许就是那个区域的最早古籍。这说是古人思考世界的一种独特方式，它写的是一个地方，却又并非一定就专属于某个地方。我们无需为自己打造一副超自然的臂膀，在繁复多彩的江河的乡愁中，蕴含了理想与希望的人类生活方式。人并非是以一种独立固定的姿态与山川、江河、湖泊等自然方物紧密融合在一起的，但又与这些要素不曾真正分离过。

江河永恒地倾诉着人类共通的情感，将一些地理的要素内化到灵魂最深处，影响到人的思维、观念、个性、气质与行为等，甚至已经嵌入我们民族的文化传统，像是一种源自母语或血脉的与生俱来的能力。很多年后，我开始真正理解江河的真正含义，这个过程至为艰难，因为最本质的东西，都已被漫漫时光所掩盖。

梭罗说："每一个人都是一座圣庙的建筑师。"他的身体是他的圣殿，在里面，他用完全是自己的方式来崇敬他的神，他即使另外去琢凿大理石，也还是有自己的圣殿与尊神的。我们都是雕刻家与画家，用我们的血、肉、骨骼做材料。我相信，回溯不是返旧途而是走新路，是重新捡拾回本属于自己的生活，让自己的一生完整无缺。在我从历史到现实的求索中，江河的形象的确高大起来，具有了某种神性。

由此我也理解了中国人为什么讲乡愁，为什么敬祖先。一处乡渡、漫天飞雪、几声篙橹、一盏风灯，乡愁是文艺哲学永恒的冲动，是时间在空间里的流淌，是历史的沧桑在江河上的浪漫之旅。在我心中，江河不再隐喻着隔离与孤独，相反，它承载着漂泊在外的游子无法排遣的思乡情怀，是温婉、博大的母性之河，赋予我们终其一生的滋养；回乡的路途上，每个游子都充满了喜悦和感激。

江河蕴含了中国文化多元化的基因。江河元素的书写，承载着人类原始心理的深厚积淀，是人类返回生命最深处找寻精神寄托的源泉，是中国传统乡村主义世界观的永恒风景，是对历史、神话和英雄的回溯性想象，是中国文化独特的情感方向与精神逻辑。我希望时代发展至今，江河的基本精神依旧灵动，能与实际生活和历史进程有呼应。"大河漫游"的文化想象，也能重绘时代的空间及地缘政治的民族身份。在民族精神的复兴或重建中，依然能产生最大的张力。江河与根系中涌动的源头活水，会把两样东西永留于世，那就是精神的翅膀与文化的根。

　　每一个人都像一条潺潺的溪流，争先恐后地向前延伸，渴望看到大海、融入大海，尽管很多探求最终沉入沙土，从此无声无息。然而，江河标记了一个人故乡的所在。我看着远山远河的起伏，用文字记录人与河流相容与共的画面，感受时代浮沉，经受洗礼。或许这种想象性的书写只是一种幻象或徒劳，但同时似乎又具备着某种魔性的吸引。

　　"两岸青山相对出，孤帆一片日边来。"两岸青山、浩荡江水，一艘小船正乘风慢慢漂来，心事浩茫的天涯游子，尚不知乡关何处，却悟透了几许世事的变化，从来就是河东河西。江风阵阵，吹过头顶，一艘轮船正鸣笛起航，与少年离乡的航道依稀重叠，碾出万顷江潮。

江河，半世纪前浩荡的江声／多深沉的喉音一直到枕／午夜摇我入睡，清晨唤我起身／想早已后浪推着前浪／波光翻滚着时光，滔滔入海了

《余光中《嘉陵江水》

江河之上
三江源的历史与地理